«La oración hace que el corazón se desborde. *Orando con poder* es una herramienta valiosa para ayudar al corazón a expresar sus anhelos más profundos».

Gary Chapman, autor de *Los cinco lenguajes del amor* y
Cómo desarrollar una relación saludable con tu hijo adulto

«Jackie aborda la oración de una manera práctica y real, brinda sabiduría y discernimiento para encontrar esperanza cuando más la necesitas, y provee instrumentos para orar con fe y confianza. Sus lecciones acerca de la naturaleza de la oración son reales, inspiradoras y útiles. Estoy segura de que *Orando con poder* es uno de los libros de mi biblioteca que más usaré.

Susan G. Mathis, autora de *Cuenta regresiva para parejas*

«Jackie M. Johnson sabe lo que significa perseverar en tiempos difíciles. Con transparencia y amor, te brinda estímulos útiles a través del poder de la oración, una herramienta espiritual que puede renovar tu fuerza y transformar tus circunstancias».

Valorie Burton, autora de *Las mujeres valientes son imparables* y
Las mujeres exitosas piensan diferente

«El libro *Orando con poder,* de Jackie M. Johnson, te enseña las palabras más poderosas que existen para orar por cualquier dificultad».

Linda Evans Shepherd, autora del libro *When you Don't Know to Pray*

Jackie M. Johnson

Orando con PODER

www.EditorialNivelUno.com

Para vivir la Palabra

Para vivir la Palabra

MANTÉNGANSE ALERTA;
PERMANEZCAN FIRMES EN LA FE;
SEAN VALIENTES Y FUERTES.
—1 CORINTIOS 16:13, NVI

Edición en español © 2018 Editorial Nivel Uno, una división de Grupo Nivel Uno, Inc.

Publicado por:

Editorial Nivel Uno, Inc.
3838 Crestwood Circle
Weston, Fl 33331
www.editorialniveluno.com

Publicado en inglés bajo el título:
PRAYING WITH POWER
Copyright © 2017 por Jackie M. Johnson
Publicado por Revell
una división de Baker Publishing Group
Grand Rapids, MI 49516-6287
All rights reserved.

ISBN: 978-1-941538-39-5

Desarrollo editorial: *Grupo Nivel Uno, Inc.*
Diseño interior y portada: *Grupo Nivel Uno, Inc.*

Impreso en USA

18 19 20 21 22 VP 9 8 7 6 5 4 3 2

Este libro está dedicado a todos aquellos que necesitan esperanza. Espero que tengas la audacia y la tenacidad para creer que el que más te ama satisfará todas tus necesidades, aunque a menudo en formas inesperadas.

Que el Dios de la esperanza los llene de toda alegría y paz a ustedes que creen en él, para que rebosen de esperanza por el poder del Espíritu Santo.

ROMANOS 15:13

Agradecimientos

Agradezco sinceramente a mi agente, Joel Kneedler, y al personal de Alive Communications; Vicki Crumpton y el equipo de apoyo de Revell/Baker Books; y Hannah Crider por su asistencia administrativa en este proyecto.

Un agradecimiento especial a mis queridos amigos, familiares y a mi equipo de oración: papá, mamá, Monica y Kit Dennis, Jennifer Johnson, Michael y Amy Zenda-Johnson, Maribeth Sacho, Anne Caddell, Laurie Kreuser, Kim Brunner, Barbara Shimek, Tina Wenning, Maria Martellotto, Lynn Carpenter, Tammy y Paul Houge, Nicole y Sumeet Gulati, Cindy y Gary Coy, Erica y Eric Ensign, Diana y Jeff Keener, Judy Gire, Alice Crider y Judy Downing. Me siento honrada y bendecida con su apoyo y sus oraciones.

Muchas gracias a mi fiel grupo de estudio bíblico nocturno de los miércoles por sus oraciones y su aliento: Denise Sharp, Doug Platt, Tait Cyrus, Audrey Davis, Sue Eilertsen, Melissa Sturgis, Mary Kimnach, Connie Ekberg, Andrea Archer y Alicia McCall. A mi grupo de escritores y editores dirigido por Susan Mathis, amigos de AWSA y personas con quienes trabajo en Christian Camp and Conference Association (CCCA), aprecio enormemente su apoyo y su oración.

Estoy más que agradecida a quienes han sido ladrillos, vigas y hormigón en mi travesía espiritual: mis padres, Robert J. Johnson y Patti Ripani, que nos proporcionaron a mí y a mis hermanos un fundamento espiritual; Lisa Burchell Shimon, que edificó sobre esas bases al dirigirme a una relación transformadora con Cristo; y el pastor Brady Boyd y Pam, que nos alientan y desafían a menudo a hacer «oraciones grandes y audaces».

Muchas gracias a mi mayor esperanza: Jesucristo. «Al que puede hacer muchísimo más que todo lo que podamos imaginarnos o pedir, por el poder que obra eficazmente en nosotros» (Efesios 3:20).

Contenido

Introducción

Atiende a mi clamor,
　　porque me siento muy débil.

Salmos 142:6

Todos los días ves gente abrumada y cargada, gente afanada, herida o apenas sobreviviendo. Tal vez eres uno de ellos. Sea que estés lidiando con un trauma repentino o con las frustraciones de la vida cotidiana, conoces muy bien la realidad de la decepción, la incertidumbre, la ansiedad o la escasez. Quizás estés estresado por tratar de equilibrar el trabajo y la vida hogareña. O has estado desempleado hace meses y el montón de facturas sin pagar se acumula al punto que llega a ser más alto que la nieve en las Montañas Rocosas. ¿Será que alguien que amas te ha dejado o ha fallecido, y no tengas ni idea de cómo volver a vivir? Tal vez tengas una necesidad urgente o te parezca que nunca te alcanza el dinero, que no tienes suficiente amor ni suficiente tiempo, y simplemente estés cansado de eso.

Todos enfrentamos dificultades en la vida. ¿Cómo lidias con eso? Cuando los tiempos difíciles te deprimen, ¿cómo te las arreglas?

Nuestras heridas y decepciones nos moldean. Dejan una huella en el panorama de nuestros corazones: en algunos, una pequeña abolladura; en otros, una profunda herida. Sea una inundación literal que destruya todas tus pertenencias o un torrente de lágrimas, el terreno de tu corazón cambia, por lo que nunca más serás el mismo. Las circunstancias externas o tus propias malas decisiones pueden haberte dejado desierto, seco o completamente erosionado, por lo que estás cansado y agobiado. Pero no tiene por qué ser así.

El panorama de tu vida

¿Cuál es el panorama de tu vida y qué tiene que ver con encontrar la esperanza? Veámoslo de esta manera: en la naturaleza, el panorama es una sección del escenario. Es la foto que ves en una postal, en vacaciones o ahí, en tu propio patio. Imagínate la costa rocosa de Maine, las fabulosas montañas de Nueva Zelanda o las aguas turquesas de Bora Bora.

El panorama de tu vida es una imagen de tu corazón: tu vida interior. Es una instantánea de cómo te sientes o cómo percibes tus circunstancias hoy. Tal vez tu panorama de vida se sienta como:

Una avalancha inesperada que ha enterrado tus esperanzas y tus sueños en un instante,

Una zona de guerra, plagada de invisibles minas terrestres llenas de explosiva ira ajena,

Un hermoso jardín, que oculta —tras los jacintos— áreas de dolor o *kilómetros de llanuras abiertas*: espacios inesperados en tu vida, como el desempleo, la recuperación de una herida o la quietud de un hogar vacío porque los hijos crecieron y se fueron.

Cómo restaurar tu vida

El panorama de tu vida puede ser desordenado y caótico o estar perfectamente cuidado, pero ¿cómo está funcionando? ¿Está produciendo fruto o apenas sobreviviendo? Tal vez sea hora de un cambio.

En Colorado, donde vivo, hay un parque extraordinario llamado «Jardín de los dioses», en el que hay unas gigantescas rocas rojas. Algunos terrenos no están abiertos al público porque necesitan acondicionarlos, en ellos se ve un cartel que dice: «Zona en restauración». En otras palabras: «No camines por aquí; estamos arreglando esta sección». Así como la tierra necesita restauración ecológica, el panorama de nuestros corazones precisa restauración espiritual y, a menudo, también necesita cambios emocionales y físicos. La buena noticia es que tanto los panoramas como las vidas pueden transformarse. La restauración es posible, pero a menudo perdemos de vista cómo sucede esto. Perdemos de vista la esperanza.

Como nos enfocamos únicamente en ciertas circunstancias, nuestra visión se vuelve miope; solo vemos una parte de la imagen. Por ejemplo, si observas una fotografía de un paisaje desértico, todo lo que verás en ella sería un punto de vista: algo de arena, unos cactus y algunos arbustos arrastrados por el viento a la distancia. Pero esa imagen no cuenta toda la historia. Lo que no puedes ver más allá de los bordes de esa fotografía es un oasis que está cerca o el final del desierto.

Así que hay más en el panorama y, por supuesto, también hay mucho más en tu vida.

Más allá de la imagen mental acerca de cómo te sientes en este momento, más allá de tu desaliento y tu desesperación, hay mucho más. Hay esperanza.

Esperanza audaz para tiempos difíciles

Puedes tener esperanza en tiempos difíciles, en todo momento, cuando conoces más plenamente a aquel en quien ponemos nuestra esperanza. A lo largo de este libro aprenderás más acerca de Jesucristo, nuestra Esperanza Audaz. Él es audaz en el sentido de que es apasionado y poderoso, adorador y autoritativo, aunque a menudo imprevisible. Isaías 55:8 nos recuerda: «Porque mis pensamientos no son los de ustedes, ni sus caminos son los míos —afirma el Señor—». Aunque sus caminos a menudo son sorprendentes, actúa por amor supremo. La esperanza que es audaz es extravagante; está más allá de nuestros sueños más ilógicos.

La esperanza extravagante significa confiar en que Dios te proporcione los recursos cuando solo te quedan centavos a tu nombre. Es creer, incluso, cuando no puedes ver cómo cambiarán las cosas. Cuando estás desesperado o sientes como si tu mundo estuviera colapsando, es tener el coraje de confiar en que la oración respondida no es solo para otras personas, es para ti también. La esperanza te permite vencer el miedo y descubrir una vida que nunca podrías haber imaginado. Tener esperanza no es cruzar los dedos y pedir un deseo; es doblar las manos y decir una oración. *Esperar* que Dios responda, incluso aunque no tengas idea de cuándo vendrá la respuesta.

Puedes tener esperanza para el futuro y para ahora mismo puesto que:

- *Dios es soberano.* Él tiene el control y puedes confiar en Él aunque no entiendas.
- *Dios es amoroso.* Te acepta incondicionalmente, pese a tus circunstancias o tus malas decisiones. Ya te escogió; solo está esperando que te decidas por él.
- *Dios es sabio.* Él sabe lo que hace, por lo que su sabiduría y sus procederes están más allá de nuestra comprensión.
- *Dios cumple sus promesas.* Es confiable, cumple lo que promete.
- *Dios es fiel.* Él es absolutamente íntegro y confiable.

Dios proveerá. Él está *contigo* y *por* ti. La buena noticia es que el mismo poder que resucitó a Jesucristo de entre los muertos está a tu disposición hoy, por lo que puedes acceder a su maravilloso poder para obrar a través de la oración.

Oración poderosa

Restaurar el paisaje de tu vida y superar los momentos difíciles se logra a través de la oración. Pero la oración poderosa no es un conjunto de palabras mágicas o frases supersticiosas para que Dios te dé lo que desees. Por supuesto, Dios anhela dar buenos regalos, pero hay mucho más. El fundamento de la oración es la *relación*. La oración es un diálogo con el Señor en el que debes escucharlo; es una conexión sagrada con el que quiere conocerte y ser conocido por ti. Más que solo saber, Dios quiere que experimentes su amor, su bondad, su misericordia y su provisión.

Es más, Dios tiene poder para hacer cambios reales y duraderos en tu vida, pero también desea vivir en ti. Dios te invita a acudir a Él con valentía, a acercártele creyendo y a allegarte a Él con frecuencia. A través de la oración constante se crea un sólido fundamento espiritual; el cual, en tiempos difíciles, te ayuda a mantenerte firme.

En este libro, descubrirás qué es una oración poderosa y cuál no lo es. Leerás acerca de conceptos erróneos y trabas para la oración. Y aprenderá los diferentes ritmos de la oración al contemplar a Dios en la adoración, defender una causa, luchar por un ser querido, confesar tus faltas, pedir lo que necesitas y agradecerle por su provisión.

Cada capítulo incluye inspiradoras palabras de esperanza y ánimo junto con oraciones llenas de poder (cada una con su propio versículo bíblico) sobre un tema específico relacionado con tiempos difíciles. Oras la Palabra, en esencia; la manera más poderosa de orar. Ya sea que estés orando para superar los desafíos relacionados con tu salud, tus finanzas, tus relaciones u otras áreas, aprenderás más acerca de la oración a través de ejemplos bíblicos, historias de algunas personas y hasta mías, con sus éxitos y sus contratiempos.

Dios también se revela a sí mismo, y muestra su poder, a través de ejemplos en la naturaleza; así que hay una sección útil al final de cada capítulo que proporciona una pequeña semilla de verdad, una lección de vida acerca de la creación de Dios.

¿Cómo puedes aplicar los principios bíblicos de la oración a tu vida? ¿Qué significa orar «en el nombre de Jesús»? ¿Cómo pueden tus oraciones ser más poderosas? Estas son solo algunas de las preguntas que se responderán en este libro. Lo más importante es que te conectarás más estrechamente con Dios. A medida que pongas en práctica lo que aprendas, el *conocimiento intelectual* se ha de transformar en experiencia viva, de lo profundo del corazón; y eso hace toda la diferencia.

En vez de permanecer en las estribaciones de la fe, subirás a lo más alto con oraciones poderosas sobre temas como la vida después de la pérdida, conocer tu propósito, evitar la necedad, desterrar la preocupación y la duda, el valor del descanso, la sed de Dios, estar conectado, conocer la asombrosa provisión de Dios, la generosidad radical, la entrega compasiva y más.

Una vida llena de oración es una existencia poderosa. Te ayudará a mantenerte fuerte en los tiempos difíciles. Cuando ores, tu vida y la de quienes te rodeen cambiarán para siempre. Te inspirarás a vivir con mayor paz, esperanza restaurada y más libertad. Descubrirás una esperanza audaz a través de Jesucristo, tan inesperada y tan maravillosamente buena que cuando empieces a comprenderla, tu vida se transformará: tendrás una bondad sorprendente, un amor generoso y posibilidades ilimitadas.

La economía puede fluctuar, tu saldo bancario puede subir y bajar, y tus emociones pueden bajar y subir como la marea oceánica, pero una cosa es cierta: «La palabra del Señor permanece para siempre» (1 Pedro 1:25).

Dios cumple sus promesas. Él cuidará de ti. Él es totalmente confiable, puede y es capaz de satisfacer tus necesidades más de lo que te imagines; muchísimo más, extravagantemente más.

Cuando la vida se te dificulte, ora.

Ora

Cuando se venzan las deudas, cuando el dolor persista
  o la agencia de adopción demore demasiado.
Cuando intentes equilibrar la familia y el trabajo,
  o tu jefe sea insoportable o simplemente loco.
Cuando un hijo pródigo no regrese a casa
  o los cobradores no te dejen en paz.
Cuando un accidente automovilístico te deje con un
  montón de chatarra por reparar
  o la persona que amabas te dejó por tu mejor amistad.
Cuando te sientas abrumado, ocupado y estresado o parezca
  que no puedes concentrarte y tu casa es un desastre.
Cuando estés solo, deprimido o estancado en tu vida, y te
  preguntes si eres una buena persona o un buen cónyuge.
Cuando haya trauma o dolor, o simplemente vivas el día a
  día, o descubras que siempre eres quien más da.
Cuando pienses a diario en la vida que has recibido, con
  finanzas, trabajo, relaciones, salud.
Cuando busques sabiduría, propósito o fe, algo de sanidad
  para tu corazón, gozo, simplicidad, espacio.
Cuando tengas poco en tu billetera, y tu mente se llene de
  preguntas como: ¿Qué? ¿Cómo? ¿Por qué?
Cuando no entiendas, no puedas ver el camino y necesites
  cuatro palabras sencillas: «Señor, enséñame a orar».
No te rindas, no te rindas, aunque la fuerza parezca haber
  desaparecido.
Solo aférrate a la esperanza y ora… y sigue orando.

Jackie M. Johnson

1

Cuando estés tentado a rendirte

Oraciones por perseverancia

El Señor es mi fuerza y mi escudo;
mi corazón en él confía.

Salmos 28:7

Era uno de esos días. El peso de la decepción era tan fuerte y persistente que apenas podía moverme. Así que me desplomé en el sofá para descansar y, sobre todo, para reflexionar. El agotamiento emocional y el dolor físico pueden hacerte sentir así.

Tuve un dolor en mi pie tan intenso por varios meses, que apenas podía caminar. En mi opinión, me tomó demasiado tiempo sanar, especialmente porque aún me estaba recuperando de una cirugía mayor que me practicaron a principios de año. Moverme era un desafío, pero la falta extrema de finanzas también me estaba deprimiendo. Pasaron varios meses desde que nuestra compañía había anunciado despidos y los beneficios del desempleo no eran suficientes para pagar las deudas. Una nota del propietario en mi puerta decía que estaba retrasada tres días en el pago del alquiler, tenía que pagarle antes del viernes o me desalojaría. Apenas había comida en la casa porque me era muy difícil ir a la tienda con el dolor en el pie y, de alguna manera, parecía que la mayoría de mis amigos estaban ocupados o fuera de la ciudad.

La frustración llegó a su punto máximo cuando no pude mantener cerradas dos de las ventanillas de mi auto. Hice mi mejor intento por sujetarlas con cinta adhesiva, pero los fuertes vientos dieron al traste con mis esfuerzos. El frío y la lluvia golpeaban mi automóvil, yo estaba frustrada. Era algo más que no estaba funcionando en mi vida.

¿De quién es esta vida y qué le pasó a la mía?

¿Alguna vez tienes días como ese? ¿Períodos como ese? Si es así, tengo buenas noticias para ti. Hay esperanza.

Quizás tengas una historia diferente. Lacrecia es una madre soltera con cuatro hijos pequeños. Trabaja a tiempo completo y cada día atiende a las necesidades de sus hijos. Ella siente que nunca se «desconecta» del trabajo. Aunque ama a su familia, a veces se siente agobiada por la interminable montaña de ropa sucia y el desorden. *Drew,* un músico talentoso, ha estado tratando de poner en marcha su carrera durante años, pero parece no tener descanso. Y *Kara,* soltera por décadas, se pregunta cuándo conseguirá un esposo

Puedo oírte decir: «Eso es muy difícil. Estoy cansado. Ya no puedo más». Estás tentado a darte por vencido. Algunos días, lo que te dan es ganas de volver a la cama, acurrucarte con una manta cálida y olvidarte de la vida por un rato. Claro, a veces necesitamos descansar. Por eso dediqué un capítulo completo de este libro al tema del descanso. Pero ¿entonces, qué? Todavía necesitas un renovado sentido de propósito, pasión y poder para seguir y persistir. ¿Cómo continuar cuando no tienes ese deseo dentro de ti?

Adelante con firmeza en el poder de Dios

La *perseverancia,* según mi diccionario, significa persistir, mantener un propósito a pesar de la dificultad, los obstáculos o el desaliento; continuar firmemente.

Si se supone que debo marchar e intentar hacerlo sola, simplemente no puedo. Por dicha, no estoy sola. Tampoco ustedes. Si decides permitir que Dios entre en tu dolor, Él te ayudará a través de lo que *Eugene Peterson* llama «*una larga obediencia en la misma dirección*». La ayuda está aquí, Dios está contigo.

Así que no temas, porque yo estoy contigo; no te angusties, porque yo soy tu Dios. Te fortaleceré y te ayudaré; te sostendré con mi diestra victoriosa (Isaías 41:10).

Cómo erigir un fundamento sobre la verdad

Para mantenernos firmes en tiempos desafiantes, necesitamos una base sólida. Si se lo pedimos, Dios echará una base fuerte en nuestras vidas; de modo que cuando surjan los vientos del cambio y el desafío —y nos golpeen con fuerza—, no nos derrumbemos como las frágiles casas de los tres cerditos de la fábula infantil. Nos mantendremos fuertes.

Considera lo que sucede cuando los expertos edifican un rascacielos. Para que el edificio sea alto y no se caiga, los trabajadores primero cavan una base y luego entierran en las profundidades de la tierra unas barras de acero reforzado llamadas pilotes o pilares. El concreto se vierte en el eje con los pilotes para que se fijen allí bien fuerte.

Lo mismo sucede con tu vida. A medida que creces *más*, te vuelves *más fuerte* en tu fe. Al sumergirte en los caminos y en la sabiduría de Dios, la verdad (como pilares de esperanza, confianza, valentía y fe) te ayuda a ser más fuerte aún. Entonces, cuando tu vida se derrumbe o te sobrecoja la soledad, serás capaz de resistir más fácilmente los vientos huracanados de los tiempos difíciles y el dolor.

Hierro sobre hierro, historia tras historia, se construye una estructura. Asimismo, la Palabra de Dios nos dice que la esperanza viene paso a paso, ya que «sabemos que el sufrimiento produce perseverancia; la perseverancia, entereza de carácter; la entereza de carácter, esperanza» (Romanos 5:3-4). Hay esperanza más adelante. Y vamos camino a encontrarla.

Dios te ama

A algunas personas se les hace difícil creer que Dios realmente las ayudará, por lo que el peso del mundo sobre sus hombros es aplastante.

Creen que no le importan a Dios o que está demasiado ocupado en sus funciones de Presidente de todo el universo como para preocuparse por la desafortunada vida de ellos. Nada más lejos de la verdad. Dios te ama, más de lo que crees. A pesar de tus sentimientos de inseguridad, insuficiencia o cualquier otra emoción de la que te avergüences, la esencia de Dios —por completo— se basa en su amor por ti.

Permítete a ti mismo creer que lo que esperas es realmente cierto. No estás solo; Dios está contigo siempre. Vivir la vida, difícil y desordenada como es, no depende solo de ti; hay ayuda a tu disposición. Y la tienes a una oración de distancia.

Cuando tengas ganas de rendirte

¿Cómo seguir adelante cuando estás emocional o físicamente agotado? Cuando los tiempos sean difíciles, podemos recurrir a algunos de los siguientes puntos vitales que te ayudarán a perseverar con la fortaleza de Dios.

Desecha tus preocupaciones. No lleves cargas que no tengas nunca que soportar, como por ejemplo: la preocupación, el miedo y la duda. Te pesarán y te restarán efectividad. Haz lo contrario, entrégale tus miedos a Dios; no te rindas tratando de hacerlo todo por ti mismo. El Salmo 55:22 declara: «Encomienda al Señor tus afanes, y él te sostendrá; no permitirá que el justo caiga y quede abatido para siempre».

Continúa orando. La oración es la base sobre la cual se construye todo lo demás en tu vida. Es lo más importante que puedes hacer. Puedes pensar: *Ya he orado.* ¿Qué otras soluciones hay? Sigue orando. Habla con Dios sobre tu situación, porque Él tiene el poder para cambiarla. Pídele a Dios discernimiento. Habla libre y francamente sobre cómo te sientes y qué necesitas. Agradécele por lo que ya hizo en tu vida y espera que responda. Mientras oras, cree que Dios está trabajando y mantente firme en la fortaleza que recibes.

Busca refuerzos. A veces vas a necesitar que alguien te apoye. Es sorprendente lo que sucede cuando recibes apoyo de amigos y familiares que están dispuestos a orar *por* ti y *contigo.* Cuando no sepas qué orar, cuando estés emocional o físicamente cansado o, como Moisés, cuando necesites que alguien «sostenga tus brazos» (para apoyarte), las oraciones de los demás por ti pueden darte un impulso para seguir.

Actúa. Dar un pequeño paso puede conducir a otro y a otro, y a medida que aumenta el impulso, las cosas comienzan a cambiar. No estarás en esa circunstancia difícil para siempre. Dios te ayudará a pasarla. A diferencia de otros que pueden haberte decepcionado, Dios cumple sus promesas. Cuando actúas en oración, Él se mueve a tu favor.

Mis amigos Cindy y Gary, ambos en sus cuarenta, oraron por años para adoptar a un niño, por lo que estuvieron en una lista de espera por un largo tiempo. Oraron y esperaron… esperaron… esperaron. Pasaron cuatro años. Hasta que un día, el teléfono sonó con la buena noticia: un niño pequeño los estaba esperando en Etiopía. ¡Al fin! La pareja emocionada voló por el Atlántico, recientemente, y recogió a su nuevo hijo.

Sacro tesón

¿Es realmente posible encontrar fortaleza a pesar de las demoras? Sí. La perseverancia requiere valor. Cuando acudas a Dios, cree lo que afirma ser: amoroso, poderoso, maravilloso y dispuesto a satisfacer tus necesidades. Cuando el camino sea largo y la vida se torne difícil, recuerda que Dios escucha tus oraciones; Él ve tus lágrimas. Dios está contigo siempre y está trabajando en tu vida.

Todavía hay propósitos que cumplir: vidas que tocar, metas que alcanzar y caracteres que formar. Sigue adelante, ora con sacro tesón; aferrándote a la esperanza de que algún día, quizás muy pronto, llegue ese cheque que estás esperando, el trabajo que quieres sea tuyo o tu casa se llene de la risa de un niño. Lo que sea que anheles, entrégale a Dios los deseos de tu corazón y Él te responderá. Ya sea que la respuesta sea sí, no o espera, cree que el que más te ama está trabajando en favor de tus buenos propósitos (ver Romanos 8:28). Puede que no siempre comprendamos o no nos agrade la respuesta, pero podemos saber con certeza que algún día todo se arreglará.

Hoy, oramos y confiamos en Él.

Lección que nos deja el montañismo

Subir una montaña se hace paso a paso. Comienzas con un pie delante del otro, una y otra vez, hasta que llegas a la cima. Los alpinistas saben la importancia de mantenerse hidratados y no escalar solos nunca. Como creyentes, podemos permanecer hidratados con un refrigerio de la Palabra de Dios, que es tan esencial para la vida como el agua. Podemos formar un equipo que nos rodee para tener apoyo y aliento. Además, podemos aprender a confiar en nuestro guía, Jesucristo. A medida que avances, el poder de la oración te ayudará a perseverar y a encontrar el gozo. Aun cuando sientas deseos de rendirte, de darte por vencido, debes creer que vale la pena escalar esa montaña, puesto que una vez que alcances la cima tendrás, desde arriba, una vista maravillosa.

FORTALÉCEME, SEÑOR

Ustedes necesitan perseverar para que, después de haber cumplido la voluntad de Dios, reciban lo que él ha prometido.

HEBREOS 10:36

Señor, muchas veces soy tentado a rendirme, a darme por vencido. La vida es demasiado dura, y no puedo hacerlo solo. Por favor, dame la fuerza interior para seguir adelante. Anhelo hacer tu voluntad. Fortifícame, Señor. Gracias por guardar tus promesas, todas ellas, todo el tiempo. Confío en ti, que me ayudas, me das esperanza y sanidad mientras recorro esta vida junto contigo. En el nombre de Jesús, Amén.

LA PALABRA DE DIOS ME DA ESPERANZA

De hecho, todo lo que se escribió en el pasado se escribió
para enseñarnos, a fin de que, alentados por las Escrituras,
perseveremos en mantener nuestra esperanza.

ROMANOS 15:4

Señor, gracias porque tus palabras son poderosas, vivifican. Iluminan la oscuridad en mi mundo y en mi corazón. Gracias por la Biblia, un libro que no se parece a ningún otro: vivo y relevante para mi vida hoy. Ayúdame a leer más a menudo lo que tienes que decirme, a apreciarlo y a aferrarme a tus palabras. ¡Ellas me dan esperanza! En el nombre de Jesús. Amén.

ESPERANZA EN TIEMPOS DIFÍCILES

Y no solo en esto, sino también en nuestros sufrimientos,
porque sabemos que el sufrimiento produce perseverancia; la
perseverancia, entereza de carácter; la entereza de carácter,
esperanza.

ROMANOS 5:3-4

Señor, ya sabes lo duro que ha sido la vida para mí últimamente. Ves mis lágrimas. Por favor, consuélame y ayúdame en este momento difícil. Sé que estás aquí, lo cual hace toda la diferencia. Ayúdame a perseverar. Forja en mí la fuerza y fortalece mi vida. Y, Señor, dame la esperanza de que algún día las cosas serán infinitamente mejores. Necesito tu ayuda y tu sanidad como nunca antes. Confío en lo mejor que viene de ti. En el nombre de Jesús. Amén.

ENCUENTRA GOZO A PESAR DE LAS PRUEBAS

*Hermanos míos, considérense muy dichosos cuando tengan que
enfrentarse con diversas pruebas, pues ya saben que la prueba
de su fe produce constancia.*

SANTIAGO 1:2-3

Señor, es difícil para mí pensar que algo bueno pueda surgir en medio
de estos desafíos. Sin embargo, a pesar de mis circunstancias turbulentas, ¡me llevas a un lugar de gozo! ¿Alegría en mis tribulaciones?
Solo tú puedes hacer que eso suceda. Tú, que haces brillar la luz de tu
amor en mi gris y nublado corazón. Gracias. En tiempos de prueba,
tentación o desorden total, necesito tu poder perseverante. Creo
que juntos lo lograremos. En el nombre de Jesús. Amén.

PERSEVERA CON TU PROPÓSITO

*En verdad, consideramos dichosos a los que perseveraron.
Ustedes han oído hablar de la perseverancia de Job, y han visto
lo que al final le dio el Señor. Es que el Señor es muy compasivo
y misericordioso.*

SANTIAGO 5:11

Señor, a veces es difícil poner un pie delante del otro y seguir adelante. Pero tú eres un Dios de compasión y misericordia. No me
dejas en el desierto de la desesperación. ¡Cambias mi vida! Job tuvo
una existencia realmente dura, pero se dio cuenta de que «puedes
hacer nuevas todas las cosas» (Job 42:2), de modo que bendijiste
la segunda parte de su vida aun más que la primera. Cuando leí
su historia, descubrí que restauraste su sustento, su familia (siete
hijos y tres hijas) y su propia vida. Confío en ti por tu restauración
misericordiosa en mi vida. En el nombre de Jesús. Amén.

2

Cuando estés ocupado y estresado

Oraciones por la paz y el descanso

Daré de beber a los sedientos y saciaré a los que estén agotados.

JEREMÍAS 31:25

Era tarde cuando al fin terminé de cenar. Cansada y con los ojos lacrimosos por una larga semana de trabajo, abrí el armario de la cocina para guardar las sobras de espagueti, cuando me detuve de repente. ¿Qué estoy haciendo? Sacudí la cabeza, me reí y puse la comida en el refrigerador, que era el lugar donde debía estar. Me sentía realmente agotada. Los últimos meses habían sido un torbellino y la tensión me estaba pasando factura. Por supuesto, poner la comida italiana en el lugar equivocado era lo de menos. La mayoría de las noches trabajaba hasta tarde, doblando ropa o haciendo «alguna cosa más» antes de acostarme, preguntándome por qué los días eran tan largos y las noches tan cortas.

No creo que sea la única que tiene demasiado que hacer y nunca el suficiente tiempo para ello. Hace poco, en la compañía donde trabaja Amanda hubo reducción de personal. Aun cuando está contenta por continuar en su puesto, está sobrecargada de trabajo ahora que la empresa cuenta con menos personal. Rachel es una madre que se queda en casa con tres niños menores de cuatro años que se asombra cuando dices la palabra *descanso*, ya que nunca tiene tiempo para eso. Y Darnell, que trabaja en tres empleos solo para sobrevivir, se pregunta cuándo podrá dormir bien por las noches.

En efecto, somos una generación de personas ocupadas, que trabajan duro pero apenas viven. Descansar lo suficiente, reponer el descanso, suele estar en lo más bajo de nuestra lista de prioridades. Pero ¿por qué?

Muchas razones, poco tiempo

Todos tenemos razones por las que no hacemos que el descanso sea una prioridad. Algunas son autoimpuestas. Ciertas personas se la pasan ocupadas continuamente para evitar el dolor y la desilusión. Otros llevan una vida de actividad constante porque tratan de complacer a los demás o de mantener las apariencias. He escuchado a chicos de nueve años con sus ojos llorosos, quejarse de su rutina semanal de fútbol, piano y baile, además de la escuela y la tarea, porque eso es lo que quieren sus padres.

Por supuesto, todas las personas tienen períodos muy ocupados, como por ejemplo, una pareja con un bebé recién nacido o un tenedor de libros durante la temporada de impuestos. Pero para algunos, estar ocupado todo el tiempo parece ser una insignia de honor. ¿Alguna vez te has encontrado con alguien que no has visto en mucho tiempo y lo saludas: «¡Hola! Cómo estás», y te responde: «Bien. ¡Muy *ocupado* en estos días!»?

En medio del agotamiento de la vida cotidiana, a menudo nos quejamos: «Hay tanto que hacer, pero nunca hay tiempo suficiente», en vez de decir una oración silenciosa que exprese: «Señor, estoy muy cansado. Por favor, ayúdame». Y eso es exactamente lo que Dios hará cuando se lo pidas. Sin embargo, hay una mejor manera de encontrar una vida más provechosa, aunque a veces las falsas creencias nos mantengan atrapados perpetuamente, como los ratones de laboratorio en una rueda giratoria.

Mentiras que creemos acerca del descanso

Hay un tiempo para trabajar, absolutamente. Dios nos creó, a cada uno de nosotros, de manera única; con talentos y habilidades para que contribuyamos en la vida. Podemos ser buenos en lo que hacemos y hallar satisfacción en una labor bien hecha. Pero también hay un tiempo para dejar de trabajar.

Seguir instrucciones es una cosa; ser esclavos de lo que hacemos, atados por la culpa, la condenación, el perfeccionismo o el complacer a la gente, es otra, es esclavitud. Sin saberlo, vivimos una mentira.

«La mentira que los jefes quieren que asimiles es que no puedes descansar hasta que hayas terminado todo tu trabajo y lo hayas hecho mejor que lo que lo estás haciendo en la actualidad», dijo Mark Buchanan en *The Rest of God.* «Pero la verdad es que el trabajo nunca termina y nunca se hace del todo bien. Siempre es más de lo que puedes terminar y menos de lo que esperabas».[1]

Si abordamos algunas de esas mentiras y las exponemos, entonces el descanso físico, la paz interior —y el alivio del alma— podrán reemplazar a la preocupación y al miedo; de modo que las cosas puedan comenzar a cambiar. Analiza cada mentira enumerada aquí y habla con Dios sobre lo que te impide lograr el descanso que necesitas.

- *Mentira: Puedo hacer cualquier cosa y hacerlo todo por mí mismo.* El individuo que cree esta mentira piensa que tiene que hacer que todo funcione, hacer todo por todos y hacerlo todo por sí mismo. Algunos pueden llamarlo mártir; otros quizás le digan fanático controlador. Esa persona cree que su camino es el «correcto» y que debe salvar al mundo. La verdad es que estamos muy engañados cuando pensamos que somos un pequeño Cristo. No salvaremos al mundo; ya Él hizo eso por nosotros. Pensar que somos como Dios o somos dioses (ver Génesis 3:5) es un engaño definitivo.
- *Mentira: El descanso es un lujo para unos pocos privilegiados.* Solía pensar esto cuando me faltaban las finanzas y trabajaba en tres empleos solo para mantenerme a flote. Aunque me parecía injusto, me sentía culpable cuando descansaba. Pero me topé con un libro de Tim Hansel (*When I Relax I Feel Guilty*) y me di cuenta de que tenía derecho a descansar. En efecto, el descanso fue idea de Dios (ver Génesis 2:2-3).

- *Mentira: No me merezco un descanso.* El descanso es un regalo. No tienes que ganártelo. Esa mentalidad de esclavista no proviene de Dios, sino del enemigo, que está dispuesto a destruirte. La verdad es que cuando conoces a Cristo, eres libre (ver Juan 8:36).
- *Mentira: El descanso es una pérdida de tiempo.* En realidad, tomarse un tiempo para renovar tu cansado ser es uno muy bien empleado. Es una inversión que pagará dividendos física, mental, emocional y relacionalmente, puesto que serás mejor para los demás y para ti mismo. Hacer un alto, periódicamente, para refrescarte a fin de cuentas te ayudará a realizar el trabajo de manera más efectiva.
- *Mentira: Si descanso, no podré hacerlo todo.* Esta mentira se remonta a la cuestión fundamental que estamos tratando. El cambio principal ocurre cuando comenzamos a darnos cuenta que de lo que se trata la vida es del plan de Dios, de su historia. Vivimos para Dios, no para nosotros mismos. Él permitirá que hagamos lo que deseemos lograr cada día, cuando nos rindamos y estemos dispuestos a obedecerlo.

El valor del descanso

Me parezco mucho a mi abuela Lena, que era alemana. Ella se la pasaba alrededor de la cocina haciendo *spaetzle* (pasta) y *sauerkraut* o chucrut (col cocida). Costaba muchísimo hacer que se sentara en la mesa con todos nosotros. Me gusta ser como ella, pasarme el tiempo haciendo cosas. Por eso tengo una lista de cosas por hacer y, cada vez que termino una de ellas y la borro, siento satisfacción. Aun cuando es cierto que ser productivo puede ser algo bueno, a menudo me voy al extremo; por lo que me ha tomado tiempo aprender el valor del descanso; el cual es esencial, por muchas razones.

El descanso es necesario, tanto física como emocionalmente. Es fundamental para la vida y la buena salud. A veces estamos tan preocupados tratando de ganar más en la vida que a menudo no nos damos cuenta de lo que se pierde en el proceso. Bajo el exigente ritmo de la vida, podemos perder la perspectiva, olvidar cosas o arruinar nuestras prioridades. Perdemos la paz mental, además de la conexión con Dios y con los demás. Nuestra salud y nuestras relaciones sufren. Nos malhumoramos, nos sentimos desubicados o solos. En nuestros esfuerzos por ser *eficientes,* puede que no siempre lo seamos. A menudo, perdemos la pasión.

Y tenemos que encontrarla de nuevo.

Tal vez no valoremos el descanso porque hemos olvidado lo que significa. Nuestra percepción puede estar influenciada por una cultura que elogia el ajetreo y menosprecia el silencio, la quietud y la reflexión.

El descanso agrega valor a tu vida, te brinda espacios que te permiten reponer y restaurar la belleza y el equilibrio. Sin descanso, la vida es un ciclo interminable de labores, quehaceres domésticos y diligencias. Y eso no es lo que Dios quiere. El gozo, la paz, la diversión y el juego también son partes esenciales de la vida.

Considera una partitura musical. Una composición musical sin descansos bien ubicados, ritmos de silencio y otros elementos pertinentes, no tendría un final hermoso; sería una secuencia interminable de sonido, por no decir ruido; y no lograría su verdadero propósito. Seguramente sería molesta al oído del oyente. Por lo tanto, los compositores usan silencios completos, medios o cuartos, ritmos más largos o más cortos, para hacer música hermosa. ¿Hay alguna forma de encontrar algún lugar de descanso en tu vida? Por ejemplo:

Un tiempo de descanso, que sea breve, podría ser un paseo de diez minutos para despejar la mente y hacer una breve oración. A menudo, obtengo mis mejores ideas cuando me levanto de mi escritorio y tengo un cambio de escenario.

Otro descanso parcial podría ser un fin de semana o incluso tener una noche de sueño reparador.

Un descanso completo, un período de tiempo más largo, podría ser unas vacaciones o un retiro espiritual muy necesario.

Reponerse del cansancio para descansar suele diferir para cada persona. Ya sea para degustar una taza de té con un amigo, tomar una siesta o disfrutar de unas vacaciones instantáneas viendo las playas hawaianas en tu calendario de pared, piensa cómo puedes reabastecer tu vida de combustible, porque cuando estamos bien, estamos mejor equipados para servir a Dios y a los demás, y disfrutar de nuestras vidas.

Descansar es confiar en Dios. La ocupación se traduce en la cantidad de actividad que tienes; el estrés es la forma en que manejas o no eso. El plan de Dios no fue que manejaras tu vida a tu manera o que llevaras el peso del mundo como una mochila llena de pesadas rocas. Cuando entregas tus preocupaciones a Dios, le estás diciendo que confías en Él. En vez de sentirte ansioso, puedes confiar en el hecho de que Dios dijo que se encargaría de todas tus necesidades. Dios siempre está trabajando, aun cuando tú duermes. Así que cuando te sientas abrumado, recuérdate: «Yo no puedo, pero Dios puede». Dios puede hacer cualquier cosa; nada es demasiado difícil para Él, incluso restaurar la paz en tu revoltosa existencia.

El descanso es idea de Dios. Él permite que descanses. De hecho, esa fue su idea desde el principio. En el primer libro de la Biblia, Génesis, aprendemos que Dios creó los cielos y la tierra «en toda su vasta gama» (Génesis 2:1). Imagínate el deleite de Dios, como maestro artista y arquitecto, creando galaxias llenas de estrellas, planetas que giran y gravedad para sostenernos a todos a la tierra. Después de crear, descansó (o lo que se le parezca) y nos dio un patrón a seguir para nuestras propias vidas.

> Los cielos y la tierra se completaron en toda su vasta gama. Pero el séptimo día, Dios había terminado el trabajo que había estado haciendo; así que en el séptimo día descansó de todo su trabajo. Entonces Dios bendijo el séptimo día y lo hizo santo, porque en él descansó de todo el trabajo de la creación (Génesis 2:1-3, énfasis añadido).

Jesús sabía bien la importancia del descanso. Solo tenía tres años, un breve tiempo, para cumplir su misión; pero a menudo dejaba a la multitud para escaparse y orar. Así que nos invita a dejar nuestras cargas para hallar el verdadero descanso, como explica la Escritura:

> *Vengan a mí todos ustedes que están cansados y agobiados, y yo les daré descanso. Carguen con mi yugo y aprendan de mí, pues yo soy apacible y humilde de corazón, y encontrarán descanso para su alma. Porque mi yugo es suave y mi carga es liviana.* (Mateo 11:28-30).

Jesús sabía que, para estar a la altura de los asuntos de su Padre, necesitaba estar conectado con Él mediante la oración. ¿Cómo podemos empoderarnos para vivir a plenitud? Muy sencillo: despojándonos de las preocupaciones y haciendo de la oración nuestra prioridad máxima.

Cómo hacer que la oración sea una prioridad

La vida es un maratón, no una carrera. Necesitamos controlar nuestro ritmo. En vez de estancarnos constantemente en las cosas *urgentes* de la vida, debemos hallar una manera de atender lo *importante*, lo cual se hace con la oración. Échale un vistazo a tu itinerario. ¿Has considerado tiempo para la oración, el descanso y la diversión? Cuando vuelvas a hacer tu lista de prioridades, pregúntate qué puedes delegar o pasar por alto (por ahora o para siempre). Luego, decídete a poner la oración en tu lista de tareas diarias por hacer. Eso no solo forjará tu relación con Dios (que es el propósito principal), sino que también te dará el poder y las fuerzas para lograr lo que quieras hacer ese día y mucho más.

Hace poco, Maya tomó una decisión valiente. Ella era directora de una empresa de telecomunicaciones en la que había trabajado ochenta horas y más —a la semana— durante casi veinte años. El estrés literalmente la estaba matando. Se enteró de que su presión sanguínea se estaba disparando a niveles peligrosamente altos, por lo que las sesiones laborales nocturnas y las reuniones antes del amanecer estaban haciendo mella en su vida y en sus relaciones.

Ella no apartó tiempo para conectarse con Dios, para hacer ejercicio ni para comer bien. Algo tenía que cambiar

Así que tomó una semana de emergencia sin trabajar, solo para descansar (dormir dieciséis horas por día) y empezar a tomar medicamentos para la hipertensión. Le habló a su jefe y estableció algunos límites, como no tener llamadas telefónicas antes de las 7:00 de la mañana. Pero el ritmo de vida acelerado continuó y su salud empeoró.

Entonces, su médico le diagnosticó una discapacidad a corto plazo para poder controlar su salud. Maya pasó varias semanas llorando y clamando a Dios, preguntándose qué iba a hacer. Si tenía que cambiar de vida drásticamente, eso significaría un gran cambio en su identidad. Se preguntaba: ¿Qué *voy a ser si no soy ejecutiva de la empresa?* A Maya le costó mucho creer que Dios la amaba solo por lo que ella era, no por lo que hacía para ganarse la vida.

En las semanas siguientes, siguió orando… cuando comenzó a cambiar. Dios le estaba mostrando —con claridad— que era hora de terminar con ese exigente ritmo de vida. Una vez que decidió obedecer a Dios, su salud mejoró y su energía se restableció. A Maya le ha tomado tiempo aceptar una forma de vida más sosegada pero más saludable, sin embargo, está contenta porque se conecta más con Dios y con las personas que más le interesan. Confía en Dios cada día y se siente animada y emocionada.

Cuando decides hacer de la oración una prioridad, en realidad, estás optando por Dios. Eso se debe a que la oración es una conversación cara a cara con tu Creador. Él te conoce mejor que nadie, ¡aun mejor de lo que tú te conoces! Así que forja tu relación con Dios como lo harías con un amigo cercano. Habla, escucha y descubre más sobre su persona. Obtendrás conocimiento, sabiduría y fuerza para enfrentar los desafíos de la vida.

Es probable que no siempre tengas mucho tiempo para orar. Algunas mujeres que conozco oran mientras alimentan a su bebé o conducen al trabajo. Sin embargo, esfuérzate lo más que puedas para que estés a solas con Dios en un lugar tranquilo, para pasar tiempo con la persona que más te ama. Ahí es donde encontrarás el poder para vivir y la paz que anhelas. Determina que la oración sea una prioridad todos los días. Habla con Dios, confía en Él, descansa en Él incluso, mientras trabajas. Puedes mirar hacia arriba, sonreír y decir un simple «Gracias».

Tus días pueden estar llenos de trabajo, pero tu corazón no tiene que estar vacío ni ansioso. La oración poderosa comienza cuando dejas tus preocupaciones, te conectas con Dios y le permites que opere a través de ti. Entonces disfrutarás del amor, la paz, la libertad y el poder que son tuyos.

Solo en Dios halla descanso mi alma; de él viene mi esperanza.

Salmos 62:5

Lección que nos deja la creación de Dios

Dios creó el mundo natural. La belleza de su creación nos renueva. Cuando vemos unos pinos cubiertos de blanca y fresca nieve, en un día de invierno, cobramos aliento. Aun cuando no puedas salir al aire libre, imagínate el tierno sonido de las olas del mar mientras se revuelcan contra la orilla, lavando tus preocupaciones. Imagínate caminando en un lugar tranquilo: a lo largo de una playa de arena, en un bosque iluminado por el sol o en lo alto de un magnífico pico de una montaña. Dios creó todo eso para que lo disfrutes y, más que eso, te acompaña, está contigo. Siempre. Así que descansa en su paz.

El agobio

Que el Señor de paz les conceda su paz siempre y en todas las circunstancias. El Señor sea con todos ustedes.

2 Tesalonicenses 3:16

Señor, estoy agotado. Tengo las manos ocupadas y mi mente da vueltas con todas las cosas que faltan por hacer. Por favor, ayúdame a lograr todo lo que debo hacer todos los días y a descansar. Mientras trabajo, ayúdame a ser productivo y a tener paz. Así como amo a los demás, ayúdame a estar calmado y a alentar a otros. Necesito tu paz en cada área de mi vida hoy. En el nombre de Jesús. Amén.

Un lugar tranquilo

Vengan conmigo ustedes solos a un lugar tranquilo y descansen un poco.

Marcos 6:31

Señor, te necesito. Necesito tu paz y tu descanso. Me estás llamando a acercarme a ti y aun así lo dudo. Quiero calmarme, pero a menudo me siento culpable. ¿Qué pasará si dejo a un lado mis temores y mis preocupaciones? La gente depende de mí. Temo que se me derrumbe la vida. Pero si me llamas, iré a ti. Elegiré estar contigo para reponerme. Ayúdame a recobrarme para que pueda ser mejor con los demás, contigo —sobre todo— y conmigo mismo. Eres el primero para mí. Tú, Señor, eres mi paz. En el nombre de Jesús. Amén.

DESCANSAR ES CONFIAR EN DIOS

Él nos libró y nos librará de tal peligro de muerte. En él tenemos puesta nuestra esperanza, y él seguirá librándonos.

2 CORINTIOS 1:10

Señor, estoy muy cansado. Ya sabes cómo han sido las cosas para mí últimamente. Sé que no puedo poner mi principal esperanza en nada más que en ti. Ni en el dinero, ni en las personas, ni en las cosas. Ayúdame a recordar que puedo tener paz puesto que tienes un plan para mí. Puedo descansar porque puedo confiar en ti. Prometiste cuidarme y lo harás. Dame las fuerzas para confiar en ti por completo. Mi esperanza está puesta en ti. En el nombre de Jesús. Amén.

DIOS ESTÁ CONMIGO SIEMPRE

Yo mismo iré contigo y te daré descanso —respondió el SEÑOR.

ÉXODO 33:14

Señor, no puedo decirte lo que significa para mí que tu presencia esté conmigo. En tiempos difíciles, en todo momento, me complace saber que estás cerca de mí. Gracias por tu amor y provisión. Mis días pueden ser muy ocupados, pero siempre quiero ponerte a ti primero y descansar en ti para todo lo que necesito. Tú instituiste el descanso y yo recibo tu regalo. Ayúdame a encontrar fuerza en la quietud para así continuar mi día sabiendo que siempre estás cerca. En el nombre de Jesús. Amén.

FORTALÉCEME, SEÑOR

Todo lo puedo en Cristo que me fortalece.

FILIPENSES 4:13

Señor, parece que hay mucho que hacer cada día y, a veces, es difícil descansar. Me temo que no terminaré todo. Siento que voy a fallar. Sin embargo, tú has prometido fortalecerme. ¡Tú eres el Dios todopoderoso! Ayúdame a enfocarme en lo que puedes hacer, no en lo que yo sea incapaz de hacer. Empodérame y anímame. Dame la fuerza duradera que solo tú puedes dar. Satúrame de tu poder y tu gracia para poder vivir mejor y más fuerte. En el nombre de Jesús. Amén.

PONGO MIS PRIORIDADES EN ORDEN

Más bien, busquen primeramente el reino de Dios y su justicia, y todas estas cosas les serán añadidas.

MATEO 6:33

Señor, tengo mi plan organizado para el día, pero ¿qué quieres hacer hoy? Ayúdame a asignar prioridad a todo lo que debo hacer. En medio del ajetreo de la vida, ayúdame a centrarme en lo que es realmente importante, y no siempre en quedar atrapado en la urgencia. Ayúdame a ponerte en primer lugar, porque sé que, al dejar mi tiempo en tus manos, todo lo demás fluye. Te buscaré primero. En el nombre de Jesús. Amén.

ENCUENTRO ESPERANZA, GOZO Y PAZ

Que el Dios de la esperanza los llene de toda alegría y paz a ustedes que creen en él, para que rebosen de esperanza por el poder del Espíritu Santo.

ROMANOS 15:13

Señor, en medio de mi estresada existencia, ¡me alegro de que seas mi esperanza! Al esforzarme por equilibrar los compromisos laborales, familiares y normales de la vida, reconozco que debo pedir ayuda a quien puede hacerlo todo. Perdóname por intentar hacerlo a mi manera. Renueva mi energía y mi alegría. Vivifícame para disfrutar todo lo que tienes para mí en esta temporada de la vida. Que pueda encontrar la calma interior a pesar de las circunstancias externas. En el nombre de Jesús. Amén.

DESCANSO PARA EL CANSADO

Vengan a mí todos ustedes que están cansados y agobiados, y yo les daré descanso. Carguen con mi yugo y aprendan de mí, pues yo soy apacible y humilde de corazón, y encontrarán descanso para su alma. Porque mi yugo es suave y mi carga es liviana.

MATEO 11:28-30

Señor, estoy muy agradecido por el descanso. En primer lugar, ¡fue idea tuya! En vez de dar vueltas en la noche con los ojos abiertos, pongo en ti mis cargas y mis preocupaciones, mis listas de tareas y mi itinerario. Con las manos abiertas, ayúdame a despojarme de todo eso a lo que me aferro con tanta fuerza. Necesito descanso para mi espíritu y mi cuerpo. Permíteme que viva enfocado y consciente, ya que acudo a ti todos los días. En el nombre de Jesús. Amén.

3

Cuando la vida es un desastre

Oraciones por la sencillez y el orden

Lo que es imposible para los hombres es posible para Dios
—aclaró Jesús.

Lucas 18:27

Mi amiga Christi ha estado haciendo una limpieza extrema últimamente. Sus padres fallecieron, el papá murió hace poco, y a ella se le encargó de limpiar la casa donde vivieron durante décadas. Eso ha sido un gran desafío porque ellos eran muy apegados a sus cosas; no les gustaba desechar nada. Vivían inmersos en un gran desorden —con montones de papeles que llegaban al techo y múltiples artículos guardados en un periodo de cuarenta años—; Christi se siente abrumada. ¿Cómo voy a limpiar este desastre?, se pregunta.

Hay todo tipo de problemas en la vida: físicos, emocionales, espirituales y financieros. Y también hay diversos niveles de desorden, desde el más pequeño e insignificante, el intermedio y hasta el totalmente caótico.

No sabía mucho acerca de organización hasta bien entrada en los veinte. Cuando una de mis compañeras de habitación me preguntó por qué metía todos mis papeles y recibos en una gaveta de mi pequeña mesita de noche, no supe qué responder. No tenía idea de qué hacer con ellos, así que seguí llenando la gaveta hasta que se desbordó. Afortunadamente, Marion tuvo la amabilidad de hablar conmigo sobre las carpetas para archivar y cómo usarlas. Reunió varias carpetas de manila, agarró un marcador y me dijo que etiquetara cada una, insertara los papeles correspondientes y los pusiera en orden alfabético.

Todo parecía tan fácil para ella, pero para mí todo aquello era tan extraño como subirme a un tren hacia Borneo sin conocer el idioma. Su ayuda organizativa transformó mi vida. Una vez que eliminé el desorden físico en mi habitación, me sentí más ligera por dentro y en paz. Fue algo liberador.

Así como llenamos una mesita de noche con papeles, a menudo nos llenamos de basura emocional y creamos un desorden en el corazón. Almacenamos grandes cantidades de dolor o ira hasta que un día las emociones salen a flote, con frecuencia en los momentos menos apropiados. O simplemente no somos buenos para administrar nuestras finanzas y terminamos en un desastre financiero. Las llamadas de los acreedores se convierten en lo normal y la bancarrota espera a la vuelta de la esquina.

La vida puede ser desordenada y a menudo complicada. Lo entiendo. La tuya puede ser más un desorden que un desastre. Cada día es una repetición de lo mismo: limpiarles los zapatos embarrados a los niños o tener montones de papeles acumulados en la mesa del comedor y querer esconderlos cuando llegue algún visitante, o desaparecerte. O estás corriendo de una reunión a otra, de un aeropuerto a otro, y nunca pareces tener tiempo para organizar una «vida normal». O puede suceder que tu casa esté impecable, como una verdadera sala de exposición, con elementos perfectamente dispuestos, pero lo que más importa no lo está: Tu corazón.

¿Cómo luce tu corazón? ¿Está lleno de basura del pasado, como heridas que parecen no poder sanar, o de la clara acumulación del estrés diario? Quizás sea hora de desechar algo de ira o hasta de perdonar a alguien. Tu corazón necesita ser limpiado, sanado y llenarlo a diario. Ahora bien, puedes hacer eso todos los días, en cada momento, cuando te acerques a Dios en oración.

Lo que impide ordenar los corazones

Puedes tener buenas intenciones. Quieres estar bien con Dios. Deseas orar, o quizás hacerlo con más frecuencia, y tener un corazón ordenado; uno que sea limpio y puro. La paz luce realmente buena, por lo que podrías usar una gran dosis de satisfacción. Sin embargo, hay obstáculos. Puedo escuchar muchas excusas en este momento; incluso yo misma las he usado. Por ejemplo: *Estoy demasiado cansada. No tengo energías. No tengo tiempo; estoy muy ocupada en este momento. No quiero lidiar con esas cosas. No sé cómo hacerlo. Simplemente, no me interesa.* Tenemos muchas excusas para evadir el hecho de enfrentar el dolor emocional o el desorden espiritual.

Es tiempo de tener una nueva perspectiva.

«Jesús puede redimir nuestro pasado», dice Michael Yaconelli, «no importa qué tipo de pasado arrastremos: fallas, errores, malas decisiones, inmadurez e incluso uno que nos haya acabado».[1]

Cuando era más joven, a menudo deseaba que hubiera un libro sobre cómo arreglar vidas rotas y resolver problemas, uno que me ayudara a saber qué hacer para arreglar las cosas de nuevo. Y lo encontré: la Biblia. Desde el principio hasta el final (desde Génesis hasta Apocalipsis), la Biblia está repleta de historias acerca de Dios restaurando vidas desordenadas de hombres y mujeres, aun de personas aparentemente «buenas».

Aquí tenemos dos ejemplos. Sara quería tener un bebé y, como no podía, quiso resolver el asunto a su manera. Así que hizo que su esposo se acostara con su esclava, luego se puso celosa y enloqueció por años. Desde entonces, los descendientes del niño nacido de la sirvienta —Ismael— y el niño que Sara finalmente dio a luz —Isaac—, todavía están enfrentados en el Medio Oriente. O considera a David. Un rey que amaba a Dios, pero cometió adulterio con Betsabé y mató a su esposo en un intento por encubrirlo.

Qué desastre.

Dios es especialista en arreglar vidas rotas y restaurar corazones, lo hizo con la gente en la antigüedad y lo hace con nosotros hoy. Puedes despejar el desorden y cambiar tu vida mientras hablas con Dios en oración. Y, a diferencia de la limpieza de primavera, que solo ocurre una vez al año, puede ocurrir en cualquier momento. Dios siempre está presente.

Primero la relación

El que más te ama quiere ayudarte con tus cosas, pero primero quiere una relación contigo: una relación de amor sana, constante y conectada.

Quieres conocer y ser conocido, amar y ser amado. Él también. Nos conectamos con Dios porque lo amamos, de esa conexión es de donde proviene el poder para cambiar. Jesús dijo: «*Yo soy la vid y ustedes son las ramas. El que permanece en mí, como yo en él, dará mucho fruto; separados de mí no pueden ustedes hacer nada*» (Juan 15:5). Apartados de Dios, nada podemos hacer; ¡con Dios todas las cosas son posibles! Su poder vivificante fluye a través de nuestras vidas, como la savia nutre al árbol o la vid. Ahí es donde está la vida; de ahí viene el crecimiento.

Restaura el orden

Dios está dispuesto a, y tiene poder para, restaurar tu vida. Es posible que los resultados no siempre se vean como deberían y hasta es probable que no ocurran en esta vida. Pero a medida que confías en Él, por fe, Él hará nuevas todas las cosas y pondrá orden en cada área de tu existencia. Dios puede ayudarte a:

Ordenar tu corazón para que haya espacio y puedas conectarte con Él a niveles más profundos.

Ordenar tus emociones y limpiarte de ira, amargura y todo orgullo persistente con el fin de aumentar tu gozo y tu felicidad.

Ordenar tus pensamientos para que puedas eliminar el desorden mental, de manera que te enfoques en tus prioridades, como ponerte en forma o invertir tu tiempo y tu dinero en un modo más efectivo.

Ordenar tu casa para que puedas encontrar las cosas que necesitas y tener más libertad y más paz.

La oración cambia las cosas

La oración es vital para hacer cambios significativos en la vida. Cuando te acerques a Dios en oración, pídele que limpie, sane y restaure cada área de tu ser.

Limpia

Nos lastimamos, o herimos a otros, por lo que nuestros corazones necesitan a menudo ser limpiados del pecado y las malas acciones. Pregúntale a Dios: «¿Qué necesito hacer para liberarme de la carga?» Quizás necesites desechar el resentimiento, la ofensa, la amargura o alguna actitud crítica. Sea lo que sea, pídele a Dios perdón y que limpie tu vida. Cuando nos arrepentimos, Dios nos perdona; y eso se siente como agua clara que lava la suciedad.

Sana

Pídele a Dios que te revele lo que necesita ser sanado en tu corazón o en tu ser. Es probable que ya lo sepas, pero es posible que no. Por tanto, pídele a Dios que te sane. Puede ocurrir de repente o con el tiempo; Dios opera de manera diferente en diversos momentos, pero siempre está trabajando.

Restaura

Después que eres limpiado y sanado, pídele a Dios que te llene de su poder. Recibe tu restauración. Pregúntale a Dios: «¿Qué necesito agregar a mi vida?» Ya te despojaste o liberaste de cosas que dificultaban tu restauración; ahora revístete «de afecto entrañable y de bondad, humildad, amabilidad y paciencia» (Colosenses 3:12).

La restauración es un proceso

Cuando Dios pone orden en tu vida, lo hace a través de un proceso. Pasar del desorden al orden, o del caos a la calma, no ocurre de la noche a la mañana. A veces las cosas empeoran antes que mejoren. Pero espera. ¡Las cosas se pondrán mejor!

Medita en la construcción de las carreteras. Para tener carreteras sin problemas, tenemos que lidiar con el concreto agrietado, con los conos de seguridad anaranjados y con desvíos molestos. Del mismo modo, limpiar el desorden de tu corazón consume tiempo; es un proceso

Mientras ores y actúes, hallarás más paz y más libertad. Te sentirás más ligero, como si te hubieran quitado un peso de encima. Sobre todo, harás espacio para cosas nuevas. Y cuando haces eso, ignoras qué sorpresas puede tener Dios para ti.

Lección que nos dejan las hojas otoñales

Hay algo interesante con los brillantes colores de las hojas en otoño, puesto que el verde da paso al rojo ardiente, al amarillo vibrante y al naranja ámbar. Antes que se precipite la primera nevada, todas las hojas de los árboles caen al suelo y solo quedan las ramas estériles. Es una temporada de arreglos. En la misma, parece que los árboles retorcidos quedarán vacíos para siempre. Pero tan seguro como que llega la primavera, aparecen diminutos brotes, se forman frondosas hojas verdes, y poderosos arces, robles y álamos vuelven a cobrar vida. Las hojas viejas caen; surge el nuevo crecimiento. Cuando intentes limpiar tu casa o restaurar tu vida interior, recuerda que hay un tiempo para la liberación y otro para la renovación.

LIMPIA MI CORAZÓN, SEÑOR

Acerquémonos, pues, a Dios con corazón sincero y con la plena seguridad que da la fe, interiormente purificados de una conciencia culpable y exteriormente lavados con agua pura.

HEBREOS 10:22

Señor, vengo ante ti con humildad. En este momento mi vida es un desastre, por lo que necesito tu ayuda. Conoces todas las circunstancias y sabes cómo me siento. Pido perdón por mis pecados y mis malas acciones. Lo siento. Por favor, límpiame desde adentro. Quiero estar bien contigo. Por fe, creo que quitas mi culpa y mi vergüenza. Gracias. Te lo pido en el poderoso nombre de Jesús. Amén.

AYÚDAME A DESPOJARME DE LO QUE ME DETIENE

Por tanto, también nosotros, que estamos rodeados de una multitud tan grande de testigos, despojémonos del lastre que nos estorba, en especial del pecado que nos asedia, y corramos con perseverancia la carrera que tenemos por delante.

HEBREOS 12:1

Señor, a veces siento que tengo un grillete y una cadena alrededor de mi tobillo. Quiero ser libre, pero algo me lo impide. Dame la fuerza y el valor para enfocarme en ti, consciente de que tienes el poder para ayudarme a dejar y despojarme de lo que me está frenando. Es la hora. Quiero limpiar el desorden de mi corazón y hacer espacio para otras cosas mejores. Me entrego a ti. ¡Permíteme correr esta carrera contigo! Te lo pido en el nombre de Jesús, amén.

RECONSTRUYE MI VIDA

¿Cómo creen que, de esas piedras quemadas, de esos escombros, van a hacer algo nuevo?

NEHEMÍAS 4:2

Señor, parece que mi vida estuviera en ruinas. ¡Es un desastre! Puedo compararme con Nehemías cuando estaba parado entre los montones de rocas y restos carbonizados después de que su amada ciudad ardiera destruida. En mi vida también hay muchos escombros. Pero él no se dio por vencido ni tú tampoco. Él confió en ti, solicitó tu ayuda y se puso a trabajar. Devuélveme a la vida, Señor. Reconstrúyeme. Te lo pido en el nombre de Jesús, amén.

RESCÁTAME

Me libró de mi enemigo poderoso, de aquellos que me odiaban y que eran más fuertes que yo. En el día de mi desgracia me salieron al encuentro, pero mi apoyo fue el SEÑOR.

2 SAMUEL 22:18-19

Señor, te alabo. Gracias por guardarme de mis enemigos. Puede que no sean guerreros que disparen flechas pero la gente, incluso mis amigos, lanzan flechas verbales, palabras hirientes, a mi corazón. Mi situación parece imposible, Señor, pero tú eres más fuerte que cualquier adversario. Que el «día de mi desastre» se convierta en días de deleite. Cerca de ti, estoy a salvo. Y aquí permaneceré. En el nombre de Jesús. Amén.

PONGO MIS PRIORIDADES EN ORDEN

Ama al SEÑOR tu Dios con todo tu corazón y con toda tu alma y con todas tus fuerzas.

DEUTERONOMIO 6:5

Señor, muchas cosas llaman mi atención. A menudo, me siento atraído en cien direcciones diferentes. ¿Cómo puedo hacer con todo eso? Ayúdame a recordar que debo ponerte a ti en primer lugar. Te amo y realmente quiero amarte con todo mi corazón, con todo lo que soy. Eres mi primera prioridad, de lo cual mana todo. Creo que diriges mis pasos cada día y me llenas de paz y satisfacción, mientras confío en ti. En el nombre de Jesús. Amén.

EL MUNDO ES UN LÍO

En este mundo afrontarán aflicciones, pero ¡anímense! Yo he vencido al mundo.

JUAN 16:33

Señor, nuestro mundo es un desastre. Sí, hay cosas buenas, pero mi corazón se quebranta por los problemas mundiales como la pobreza, la escasez de vivienda, las guerras, la falta de seguridad y de recursos que muchos sufren. Dame ojos para ver más allá de mi propio dolor y ayúdame a orar por las necesidades de los demás. Eres mayor que las necesidades más grandes. ¡Tú eres el vencedor! Ven, Señor, y trae sanidad. Te lo pido, creyendo en el nombre de Jesús. Amén.

4

Cuando estés decepcionado

Oraciones por ánimo

Sabrás entonces que yo soy el SEÑOR, y que no quedarán
avergonzados los que en mí confían.

ISAÍAS 49:23.

Rob estaba frustrado. Una granizada había arruinado su techo y la compañía de seguros no estaba pagando lo suficiente para poner uno nuevo. Marie fue traicionada por alguien a quien creía que era una amiga leal y todavía se está recuperando de eso. Keisha, que ha estado tratando y avanzando, para perder peso durante años, se desanima continuamente. La vida puede ser decepcionante.

Las esperanzas frustradas y los sueños estropeados llegan en todas las formas y tamaños, y siempre son dolorosos. Es normal sentirse triste o molesto cuando algo malo ocurre; Dios nos diseñó con emociones. Sin embargo, debemos lidiar con nuestras decepciones, para que así las pequeñas heridas no se conviertan en grandes. La decepción puede convertirse rápidamente en desesperación o depresión si no controlamos nuestros pensamientos.

Cómo tratar con la decepción

Cuando no obtienes el trabajo que deseabas, cuando tu esposo se olvida de tu cumpleaños o cuando te niegan una solicitud de préstamo, ¿cómo manejas tu decepción? ¿Te enojas o te mantienes firme en las promesas de Dios? Recuerda, solo tú puedes elegir qué hacer.

Lo que te dices a ti mismo importa. La decepción es parte de la vida. Ya sean grandes o pequeñas situaciones, lo que hagas con tu dolor es lo que determina cómo avanzarás. ¿Qué te estás diciendo a ti mismo sobre lo que pasó? ¿Te sientes sin esperanza y pensando algo como lo que sigue: *Nunca voy a encontrar un trabajo?* O, con una actitud positiva, piensas: *Creo que ese no era el trabajo ideal para mí. Dios tiene algo que se adapta mejor a mis habilidades. Me recuperaré.* No te preocupes; libérate de las decepciones. Mi madre solía decir que la basura se debe sacar al menos una vez por semana, igual debes hacer con la basura del corazón. Cuando te aferras a la frustración, al resentimiento o al desaliento, puedes infectarte por dentro. Sin embargo, no es incorrecto que expreses tus sentimientos, pero de igual manera debes liberar tu dolor. La mejor manera de hacerlo es en oración; habla con Dios sobre cómo te sientes y acerca de lo que sucedió. Él oye, ve y, realmente, le interesas.

Espera que Dios haga las cosas bien. Cuando llegue la desilusión, puedes pensar que es el final de la historia. Pero es probable que no lo sea. Ahí es donde el discernimiento y la sabiduría para esperar entran en escena. El esperar fortalece los músculos de la confianza, enseñándote a depender de Dios solamente, no de tus circunstancias. Hay un dicho popular que dice: «*No coloques un punto donde Dios haya puesto una coma*». Esta desilusión puede ser la cortina final, o simplemente un entreacto, un tiempo para esperar en Dios.

Mi amiga Bárbara había estado saliendo con Steve por más de un año y, aunque él había mencionado el tema del matrimonio, no estaba segura de algunas cosas que sentía que necesitaba en un esposo amoroso. Así que terminó con la relación. A pesar de lo difícil que era, Bárbara mantuvo su confianza en Dios para arreglar las cosas. Ya sea que volvieran a estar juntos o no, sabía que Dios tenía lo mejor para ella. De modo que cerró la puerta a la relación y optó por seguir con su vida.

Aunque Bárbara no lo sabía, Dios estaba haciendo un asombroso trabajo de transformación en el corazón de Steve sobre el diseño de Dios para el matrimonio y otras cosas. Un sábado por la tarde, Bárbara estaba orando y sintió que el Espíritu Santo le decía que fuera receptiva a Steve si la llamaba para «abrir la puerta que había cerrado con respecto a esa relación». Bárbara, en realidad, no creía que él la contactaría. Ella pensó que todo había terminado; los dos lo pensaron. Pero Dios tenía planes diferentes.

Ese mismo sábado por la tarde, Steve llamó a Bárbara desde la cima de una montaña donde había estado orando y escuchando a Dios. Steve no creía que ella contestara el teléfono, pero lo hizo. Comenzaron a conectarse de una manera completamente nueva. Después de un tiempo, separados, que se acercaron más a Dios y no a los demás, ambos sintieron que Dios los estaba reuniendo. Sabían que el Señor los había vuelto a unir y que tenía un plan para su relación. Poco después se comprometieron y dos meses más tarde se casaron.

Confía en Dios en los tiempos silenciosos. Él está trabajando, incluso en los espacios que han quedado vacíos.

Obtén una nueva perspectiva. Pregúntate: *¿Cómo puedo ver esta situación de manera diferente?* Quizás necesites una nueva perspectiva. Así como volar en un avión te ayuda a ver una imagen más grande de la tierra, tener un nuevo punto de vista acerca de tus circunstancias puede ayudarte a sentirte mejor. Pídele a Dios que te abra los ojos a la verdad sobre lo que está sucediendo para que puedas ver con más claridad cómo orar y qué hacer. Todos pasamos por dolores emocionales de crecimiento que nos sirven para fortalecernos por dentro. Pregúntate: *¿Qué puedo aprender de esta situación? ¿Cómo puede fortalecer esto mi fe?*

No permitas que tu desilusión te haga decepcionar de Dios. Si te has decepcionado, puedes sentir que no le interesas a Dios o que te ha abandonado. Nada más lejos de la verdad. No permitas que tus circunstancias te despojen de las verdades inmutables de que Dios es más sabio que tú y que te conoce muy bien.

Romanos 8:28 dice: «Ahora bien, sabemos que Dios dispone todas las cosas para el bien de quienes lo aman, los que han sido llamados de acuerdo con su propósito». ¿Todas las cosas? ¿Incluso esta dolorosa decepción? Sí, incluso esto. No sabemos cómo ni cuándo, pero Dios promete trabajar en conjunto para un mayor y mejor propósito. Ahí es donde entra la confianza. ¿Cuántas veces has podido ver en retrospectiva cómo te ha estado guiando Dios?

Después de estar desempleada por meses, al fin conseguí un puesto que se adaptaba a mis habilidades de redacción y edición. Solo entonces pude reflexionar en el pasado y ver cómo Dios estaba guardando este destino para mí; los otros trabajos que no obtuve fueron escalones para guiarme a este lugar. Cada «no» en mi camino me acercaba un paso más cerca del «sí» final.

Levanta tus ojos. Cuando el desaliento o las desilusiones te depriman, es hora de mirar hacia arriba. El Salmo 121:1-2 dice: «A las montañas levanto mis ojos; ¿de dónde ha de venir mi ayuda? Mi ayuda proviene del SEÑOR, creador del cielo y de la tierra». En vez de observar alrededor de tus circunstancias o ver hacia abajo con desesperación, decide mirar a aquel que tiene el poder de hacer algo con respecto a tu situación. Él te levantará.

Inténtalo y sé sano. A menos que elimines la maleza de raíz, sus pequeñas cabezas amarillentas seguirán apareciendo en tu jardín. De la misma manera, solo cuando llegues a la raíz de tus problemas, comenzarás a librar al paisaje de tu vida de irritaciones como el arrepentimiento constante o la amargura. Mientras lidias con tus emociones, consciente de tus sentimientos, no ignorándolos y rindiendo tu dolor a Dios en oración, comenzarás a sanar. El poder de la oración llega a la raíz del problema porque Dios sana de adentro hacia afuera. Cuando oras, Dios cambia tu desaliento en ánimo o tu tristeza en alegría, y emerge un yo mucho más gozoso.

La oración cambia las cosas y a ti también. Al orar por tus decepciones, anímate y recuerda a quién estás orando. El Dios maravilloso es todopoderoso y está lleno de una fuerza y una sabiduría que eres incapaz de comprender. Él puede encargarse de tu situación.

Nuestros tiempos están en sus manos.

Lección que nos dejan las flores silvestres

Después de terminar con una relación hace unos años, fui de excursión a Evergreen, Colorado. Mis emociones todavía estaban a flote por la inesperada ruptura de los vínculos emocionales, así que tenía mis ojos más en el camino que en la belleza del bosque que me rodeaba. Por alguna razón, miré a la derecha del sendero y vi un árbol que había sido cortado. El árbol aserrado me recordó mi propia miserable situación: rota y sin propósito. Ya no era el árbol alto y hermoso que alguna vez fue. Miré más de cerca y, para mi sorpresa, vi pequeñas y coloridas flores silvestres creciendo desde el centro de uno de los restos dañados: una agradable y sorpresiva belleza, un símbolo de nueva vida y crecimiento. En un solo momento, una chispa de esperanza renovada se encendió dentro de mí. Tal vez, solo tal vez, habrá vida después de la pérdida. Fue el renacer de mi nuevo comienzo.

FUERZA EN EL DESALIENTO

Cobren ánimo y ármense de valor, todos los que en el SEÑOR esperan.

SALMOS 31:24

Señor, ha sido un camino largo y difícil para mí últimamente. Estoy cansado. Conoces mi corazón y ves lo decepcionado que he estado por mis circunstancias. Por favor, fortaléceme y dame una nueva esperanza. Ayúdame a recordar que mi esperanza está puesta en ti, el Creador y Sustentador del universo y de mi vida. Nada es demasiado grande o demasiado pequeño que tú no puedas manejarlo. En mi debilidad, sé mi verdadera fortaleza. En el poderoso nombre de Jesús. Amén.

¡ADELANTE!

Hermanos, no pienso que yo mismo lo haya logrado ya.
Más bien, una cosa hago: olvidando lo que queda atrás y
esforzándome por alcanzar lo que está delante, sigo avanzando
hacia la meta para ganar el premio que Dios ofrece mediante su
llamamiento celestial en Cristo Jesús.

FILIPENSES 3:13-14

Señor, ayúdame a ser una persona «única» que deja el pasado en el pasado y mira hacia un futuro más brillante contigo. No soy perfecto; en lo absoluto. Pero me das una visión de una vida mejor que lo que jamás podría haber imaginado. Muéstrame lo que me está frenando, y ayúdame a dejarlo y seguir adelante. Paso a paso, mirando hacia adelante, sigo contigo. Gracias por amarme. En el nombre de Jesús. Amén.

NECESITO MÁS PODER

«¡Cobren ánimo y ármense de valor! No se asusten ni se acobarden ante el rey de Asiria y su numeroso ejército, porque nosotros contamos con alguien que es más poderoso. Él se apoya en la fuerza humana, ¡mientras que nosotros contamos con el SEÑOR nuestro Dios, quien nos brinda su ayuda y pelea nuestras batallas!»

2 CRÓNICAS 32:7-8

Señor, siento que tengo muchas batallas por luchar todos los días, como enfrentar el desaliento y el conflicto con los demás. Tú conoces mis necesidades. Del mismo modo que le diste palabras de aliento a tu pueblo hace mucho tiempo, cuando un ejército intentaba asediar su ciudad, Jerusalén, me das palabras de aliento. Estás conmigo y prometiste ayudarme a luchar todas mis batallas. Te creo. Confío en ti. Y te pido que me ayudes con tu poder. En el nombre de Jesús. Amén.

AYÚDAME CON MIS MIEDOS Y MIS DUDAS

¿Por qué se asustan tanto? —les preguntó—. ¿Por qué les vienen dudas?

LUCAS 24:38

Señor, he estado viviendo con miedo y duda hace poco tiempo, y lo lamento. He estado escuchando a personas que me hacen temer, pero quieres animarme con tu verdad inmutable. Tú dices: «Créanme», y aún persigo otras cosas o personas que creo que satisfarán mis anhelos. Pero siempre me dejan con las ganas. Perdóname por olvidar que eres mi satisfacción. Eres el primero. Que tu paz me restaure. En el nombre de Jesús. Amén.

DEVUÉLVEME LA ESPERANZA

Sabrás entonces que yo soy el SEÑOR,
y que no quedarán avergonzados
los que en mí confían.

ISAÍAS 49:23

Señor, algunos días son realmente difíciles. En los más recientes, he estado decepcionado y desanimado, y parece que no puedo deshacerme de eso. Por favor, renueva mi esperanza. Ayúdame a ver con nuevos ojos la luz al final de la oscuridad. Ayúdame a poner mi confianza en ti y no en mis circunstancias. Necesito enfocarme en la verdad. Pongo el centro de mi atención en ti, no en el caos y la confusión girando a mi alrededor. Renueva mi esperanza, Señor, te lo pido en el nombre de Jesús, amén.

ANÍMAME, SEÑOR

Tú, SEÑOR, *escuchas la petición de los indefensos, les infundes aliento y atiendes a su clamor.*

SALMOS 10:17

Gracias Señor, porque me escuchas cuando oro. Me alegra saber que escuchas y prestas atención a cada palabra que te digo. Me hace sentir especial saber que realmente te importa. ¿Me darás tu amor y ánimo hoy? Necesito una cascada de bendiciones para sumergirme en ella. Hidrátame, refréscame y renuévame, Señor. Estoy muy agradecido por todo lo que eres y todo lo que haces. Te amo. En el nombre de Jesús. Amén.

5

Cuando estés deprimido

Oraciones por la esperanza audaz y el gozo renovado

¿Por qué voy a inquietarme? ¿Por qué me voy a angustiar?
En Dios pondré mi esperanza y todavía lo alabaré. ¡Él es mi
Salvador y mi Dios!

SALMOS 42:5.

Una noche de enero, una chica de diecisiete años, con una angustia emocional severa, yacía en las vías del tren cerca de su hogar en el Medio Oeste. El peso del trauma en su joven vida parecía demasiado difícil de soportar. Ella quería una salida; quería que el dolor terminara. Un tren que avanzaba hacia ella parecía no poder detenerse a tiempo, por lo que treinta y tres vagones de carga pasaron sobre su cuerpo.

Sin embargo, ese no fue el final de la historia. Cuando el tren finalmente se detuvo, ¡Kristen se dio cuenta de que todavía estaba viva! Había sobrevivido, pero le habían cortado las piernas. Su batalla estaba lejos de terminar.

Su nombre es Kristen Jane Anderson y la historia de su asombrosa recuperación del dolor físico y emocional se cuenta en su libro *Life, in Spite of Me* (con Tricia Goyer). Dios hizo un milagro en la vida de la joven esa noche. Y años más tarde, cuando conoció a Bill, uno de los paramédicos que la trataron, ella sabría más sobre lo que realmente sucedió.

La noche de su intento de suicidio, Bill le dijo a Kristen que intentaron llevar un helicóptero de la fundación caritativa Flight for Life, pero estaba demasiado nublado. «Sin embargo, hicieron algo que yo no había visto antes y que no he visto desde entonces. Se comunicaron por radio y bloquearon todas las intersecciones entre el lugar del accidente y el hospital. Una ambulancia que normalmente habría tomado cuarenta y cinco minutos hizo el recorrido en solo ocho. Creo que todos estábamos tan sorprendidos de que estuvieras viva que quisimos asegurarnos de que haríamos el esfuerzo máximo para que llegaras bien al hospital».[1]

«Dios te mantuvo aquí por una razón, Kristen», concluyó el paramédico.[2] Alguien que conoces puede estar sintiendo depresión en este momento: tu vecino de al lado, un compañero de trabajo, la nueva persona de tu pequeño grupo, alguien que te importa, incluso tú. La depresión tiene muchas caras. Todos nos sentimos tristes, desesperanzados o a veces maltratados; eso es parte de la vida, y es normal por un corto período de tiempo. Pero cuando esos sentimientos no desaparecen y el abatimiento es severo, eso se llama depresión mayor.

Lo sorprendente es que uno de cada veinte estadounidenses de doce años o más sufre de depresión, según los Centros para el Control de Enfermedades (CCE)[3]. Aquí te mostraré como lo define el CCE:

La depresión mayor es un síndrome clínico de al menos cinco síntomas que se agrupan, duran por lo menos dos semanas y causan deterioro en el funcionamiento. Los síntomas del estado anímico incluyen depresión, tristeza o irritabilidad, pérdida de interés en las actividades habituales, incapacidad para experimentar placer, sentimientos de culpa o inutilidad, y pensamientos suicidas. Los síntomas cognitivos incluyen la incapacidad para concentrarse y la dificultad para tomar decisiones. Los síntomas físicos incluyen fatiga, falta de energía, sensación de inquietud o ralentización y cambios en el sueño, el apetito y los niveles de actividad.[4]

Una vida al borde del abismo

A veces, en vez de vivir un sueño, sientes que estás viviendo una pesadilla. Tu hijo tomó una sobredosis de drogas. Te despidieron del trabajo. Tu cónyuge acaba de morir. Estás decepcionado con tu vida. Nunca planeaste divorciarte, tienes sobrepeso, no tienes hijos. Querías una vida tranquila y tu trabajo es extremadamente estresante. Te estarás preguntando: *¿Cómo llegué hasta aquí? ¿Cómo van a cambiar las cosas?*

No importa cuál sea tu situación, hay esperanza. Como con Kristen, Dios te tiene aquí por una razón. Él anhela que vivas con propósito y poder. Pero ¿cómo continuar cuando estás tan desesperado?

En una época difícil de mi vida, hace años, pensaba que vivía al borde del abismo; sentía como que estaba colgando en un precipicio con una mano aferrada a un saliente. Agotada, aislada y deprimida, apenas me agarraba de cualquier cosa. Pero aunque oraba y confiaba en Dios, aun cuando gemía y me cuestionaba, las cosas comenzaron a cambiar. Poco a poco, llegó el alivio. Dios me fortaleció mientras oraba. Con el tiempo, sentí como que ya me estaba aguantando con las dos manos. Entonces Jesús me sacó del despeñadero y me puso en tierra firme. Al fin encontré mi camino, y «vivir al borde del abismo» no fue más que un recuerdo lejano.

Mantenerse fuerte en tiempos difíciles no es solo para algunas personas. Tú puedes ser un vencedor. Puede que te sientas como si estuvieras viviendo en un mundo en blanco y negro, pero Dios quiere que vivas a todo color. En la medida en que aprendas a creer en Dios y a deleitarte en su presencia, descubrirás la esperanza desmedida, una esperanza que supera tu imaginación más extravagante.

Cree en Dios

Durante mucho tiempo no supe la diferencia entre *creer en* Dios y *creerle a* Dios. Sabía que creía en Él, que existía y que dio la mayor muestra de amor y redención al enviar a su Hijo, Jesús, a morir y resucitar para poder ser perdonada y estar con Él para siempre en el cielo. Pero ¿creer a Dios, que cumplirá sus promesas y que sería fiel a su Palabra? Esa era otra historia. El estudio bíblico *Creer a Dios,* de Beth Moore, me ayudó a aprender que «Dios es mucho más de lo que hemos reconocido y experimentado. Que es capaz de mucho más de lo que hemos visto...» Vemos muy poco principalmente porque creemos muy poco».[5]

Muchas veces, cuando nuestros padres terrenales nos decepcionan, proyectamos esa misma cualidad en Dios. Creemos que Él también romperá sus promesas. Pero Él no es así. Tal vez el hecho de que otros te hayan defraudado te impida creer que Dios cumplirá todo lo que prometió. Algunas personas rompen sus promesas, pero Dios siempre guarda las suyas; es el mejor Cumplidor de promesas. Lo que Él dice es digno y verdadero. «Dios no es un simple mortal para mentir y cambiar de parecer. ¿Acaso no cumple lo que promete ni lleva a cabo lo que dice?» (Números 23:19). En vez de dudar, puedes optar por creer en las promesas de Dios que están en la Biblia y creer que Él está trabajando en tu vida, aun cuando no puedes verlo.

Medita en esto. Si un turista conduce por Colorado Springs en un día nublado, no podrá ver el pico Pikes; así que es probable que no crea que esa montaña está realmente allí. Sin embargo, como residente del área que soy, yo sé que está allí; la veo todos los días. Sé con certeza que cuando las nubes desaparezcan, esa montaña estadounidense permanecerá firme. Igual ocurre cuando somos incapaces de ver la salida en nuestras nebulosas vidas; podemos optar por creer que Dios todavía está ahí. Siempre presente. Él sabe lo que está por venir, aun cuando nosotros no lo sepamos, y sigue trabajando tras escenario.

Así que cree que Dios está trabajando en el arreglo de todas las cosas para tu bienestar a pesar de las circunstancias, los sentimientos o lo que el mundo diga. Y aun cuando no lo sientas de inmediato, al fin lo podrás ver con claridad.

Creer en Dios significa que tú también actúas. Santiago 2:17 nos dice que «la fe en sí misma, si no está acompañada por la acción, está muerta». Avanzas paso a paso, momento tras momento, aunque sea con algo tan simple como despertar. Por tanto, vístete. Haz una lista de las tareas que vas a realizar hoy. Estás tomando impulso, ya que un paso lleva a otro. Y cuando la vida intente arrastrarte al fondo, toma nuevas decisiones y sigue declarando la verdad.

Disfruta en su presencia

Somos transformados por el amor de Dios e innovados por su verdad. Puedes decirte la verdad en muchas maneras. Cuando leas la Biblia, la verdad de Dios en forma escrita, considera leer las palabras en voz alta. Cuando ores, que es hablar con Dios, puedes hacerlo en voz alta más que orar en silencio, para ti mismo. O escribe tus oraciones en un diario o cuaderno. Recuerda y anota las cosas buenas que has hecho y cómo sobreviviste al pasado. Lee en los salmos las esperanzadoras palabras que sanan en los tiempos difíciles y en los períodos de desaliento. Como el Salmo 32:7: «Tú eres mi refugio; tú me protegerás del peligro y me rodearás con cánticos de liberación». Recuerda que el Señor quiere pasar tiempo contigo. Quiere que te entretengas, salgas, disfrutes de su presencia.

Medita en la luna llena más hermosa que hayas visto. Quizás sea una luna de cosecha que cuelga bajo el cielo nocturno de octubre. La luna refleja la luz del sol porque «se deja acariciar» por el brillo del astro rey. Y en la oscuridad de la noche, resplandece vivamente. Y en la oscuridad de la noche, fulgura intensamente. Del mismo modo, en la medida en que nos dejemos acariciar por la luz del Hijo, Jesucristo —pasando tiempo con Él— su luz brillará más a través de nosotros.

Abriga una esperanza audaz

La esperanza audaz implica esperar aun cuando sientas que no es oportuna. Es una osadía creer que Dios lo hará por ti incluso en los momentos más difíciles. Una vida diferente puede parecer un sueño distante en este momento, pero a medida que des pequeños pasos de fe, las cosas comenzarán a cambiar. Es posible que Dios no responda tus oraciones de la misma manera que contestó la mía; Él satisfará tus necesidades en la manera que se adapte a tu mejor interés.

Tal vez te sorprenda quién (o qué) usará Dios para aliviar tu situación. Puede ser algo tangible como el abrazo de un amigo o un cheque inesperado en el correo. La liberación puede venir a través de la aceptación de la situación o de perdonar a alguien que te haya ofendido.

Cree en Dios, disfruta de su presencia y ora, esperando que las cosas cambien. Un día comenzarás a sentir algo inusual: gozo. La oscuridad empezará a huir cuando la luz del sol de la esperanza se eleve en tu corazón como el amanecer de un nuevo día.

Atrévete a creer que el que puede hacer cualquier cosa, incluso ahora, está en la operación que está restaurando y reconstruyendo tu vida.

Lección que nos deja una tormenta de verano

Era un caluroso día de julio y, desde la puerta de mi patio, pude ver unas nubes tenebrosas y siniestras. Parecía el fin del mundo. De repente, el cielo dejó caer un torrencial aguacero. Los rayos irrumpían como disparos y los truenos eran ensordecedores. Así pasaron las horas. Finalmente, las nubes desaparecieron dando paso a un resplandeciente cielo azul. El brillo del sol refulgía sobre la hierba humedecida, creando diamantes de rocío. Estaba claro de nuevo, muy claro. A veces la vida se siente como una tormenta de verano. Es oscura e incierta, y la tristeza no parece ceder. Pero por dicha, las tormentas pasan. Así como un fuerte viento se lleva las nubes, el Espíritu Santo sopla un fresco y resuelto viento de esperanza a través de las tormentas de tu alma. Tras la lluvia, el sol; después de las tormentas turbulentas de la vida, renovación calma y gozo.

Escucha mi grito de ayuda

Señor, escucha mi oración, atiende a mi clamor; no cierres tus oídos a mi llanto.

Salmos 39:12

Señor, siento que se cierne una tormenta en mi corazón, que un huracán de emociones da vueltas dentro de mí. Estoy muy triste; me siento derrotado. ¿Dónde se ha ido mi esperanza? Ni siquiera puedo articular las palabras para que sepas cómo me siento realmente. Sin embargo, aquí estoy. Gracias por escuchar mis gritos, incluso mis palabras sin articular. Por favor, ayúdame. Por favor, sáname.

Quédate cerca de mí. Tú eres mi gran esperanza, y oro creyendo. En el poderoso nombre de Jesús. Amén.

RENUEVA MI FUERZA

De tanto andar te cansaste, pero no dijiste: «Hasta aquí llego». Lograste renovar tus fuerzas; por eso no desmayaste.

ISAÍAS 57:10

Señor, solo quiero llorar. Estoy cansado de una vida tan miserable. Por favor, sana esta depresión. No quiero sentirme desesperado. Quiero tener esperanzas, pero no tengo fuerzas para abrigarlas. Vierte tu fortaleza en mí; lléname de nuevo. Ayúdame a avanzar con valentía, consciente de que estás conmigo y de que eres para mí. Mis tiempos están en tus buenas manos. En el nombre de Jesús. Amén.

RETROCEDE ANTE LA OSCURIDAD

Porque ustedes antes eran oscuridad, pero ahora son luz en el Señor. Vivan como hijos de luz (el fruto de la luz consiste en toda bondad, justicia y verdad).

EFESIOS 5:8-9

Señor, vengo confiadamente y con valentía delante de ti, y te pido —en el nombre y el poder de Jesús— que hagas retroceder las tinieblas en mi vida. Permite que la luz de la verdad supere las cosas horribles que intentan destruirme. ¡Tu nombre tiene autoridad! Me determino a apoyarme en las promesas de Dios. Contigo, la oscuridad huye. Ayúdame a vivir con más paz. En el nombre de Jesús. Amén.

CÓMO ENCONTRAR VIDA NUEVAMENTE

No he de morir; he de vivir para proclamar las maravillas del SEÑOR.

SALMOS 118:17

Señor, este ha sido uno de los lugares más bajos en los que he estado por mucho tiempo. A veces he sentido deseos de morir. Pero no sucumbí a ellos. Tu mano estaba conmigo. Tú, Señor, me salvaste y me protegiste. Ahora estoy empezando a ver el amanecer de un nuevo día en el panorama de mi vida. Supongo que tengo nuevas esperanzas. Señor, ¡quiero vivir! Quiero poder decirles a los demás lo maravilloso que eres y todo lo que has hecho por mí. Eres mi Esperanza audaz, te agradezco y te alabo. En el santo nombre de Jesús, amén.

EL PODER DE DIOS EN MÍ

Y, si el Espíritu de aquel que levantó a Jesús de entre los muertos vive en ustedes, el mismo que levantó a Cristo de entre los muertos también dará vida a sus cuerpos mortales por medio de su Espíritu, que vive en ustedes.

ROMANOS 8:11

Señor, he estado deprimido por un largo tiempo. Necesito que me ayudes para levantarme del sofá, para cambiar mis pensamientos y hasta para que sanes mi vida. Tu Palabra me dice que cuando creo en ti, tu poder está vivo en mí. ¡Ese mismo poder que resucitó a Jesucristo de entre los muertos! Por favor, ayúdame a hacer lo que no puedo lograr con mi propio esfuerzo. Llévame a buscar tu propósito, tu alegría y tu amor nuevamente. Cuando me aferro a Jesús, estoy aferrándome a la esperanza. Señor sé mi Esperanza audaz: asombrosa y buena, más de lo que puedo pedir o imaginar. Pongo mi confianza en ti. En el nombre de Jesús. Amén.

LEVÁNTAME, SEÑOR

Pero tú, SEÑOR, me rodeas cual escudo; tú eres mi gloria; ¡tú mantienes en alto mi cabeza!

SALMOS 3:3

¿Cómo puedo agradecerte, Señor, por levantar mi cabeza, y mi vida, cuando he estado tan decaído? Ha sido un momento oscuro y desalentador, pero siento tu protección. Eres mi defensa contra enemigos como el miedo, la duda y el recelo. Me cargas como un pastor que lleva una oveja perdida, me abrazas. Te alabo, Señor, agradecido de que te preocupes tanto por mí. En el nombre de Jesús. Amén.

CAMINA POR FE

Porque vivimos por fe, no por vista.

2 CORINTIOS 5:7

Señor, aquí estoy en busca de tu ayuda. No sé qué hacer. No sé lo que sucederá en esta situación. Por favor, muéstrame el camino. No obstante, aun cuando no veo el final del túnel, tú me animas a que tenga fe. ¡Señor, aumenta mi fe! Opto por creer que eres mi Ayudante y mi Sanador. Eres todo lo que tengo. Lo eres todo. Tu amor por mí es constante, en días nublados y en días soleados. En eso voy a confiar. En el nombre de Jesús. Amén.

6

Cuando te sientas inseguro

Oraciones por confianza

Es él quien me arma de valor y endereza mi camino.

2 SAMUEL 22:33

Mi nueva amiga Julie me dijo hace poco que creció siendo una chica muy insegura, le asustaba la aventura. Sufrió abuso verbal durante años por parte de sus compañeros de clase. Y su padre, a quien amaba mucho, falleció cuando ella tenía solo trece años. No obstante, aquí estaba colgada de un arnés al borde de un acantilado, haciendo *rappel (técnica de descenso con cuerdas)* en las primeras horas de la mañana de un cálido día de julio en Colorado.

A mitad de la montaña, hizo una pausa. Sus grandes ojos pardos escanearon la belleza del escenario que la rodeaba: un cielo azul sin nubes y el sol mañanero brillando sobre la montaña Princeton. Reflexionaba sobre la travesía en la que había estado los últimos años y que la condujo a este momento. ¿En quién me he convertido?, se preguntaba a sí misma. Solo unos años antes, no se habría atrevido a hacer actividades deportivas como esa ni que le pagaran y, mucho menos, liderar la carga en atrevidas escapadas como el salto de fe en un curso de cuerdas o de paracaidismo. Ahora, nada era suficiente para ella, siempre quería ir por más.

En los últimos años, Julie se mudó de la zona rural de Oklahoma a Los Ángeles para trabajar con gente de la élite de Hollywood. Había aprendido a expresar su fe con valentía y, recientemente, había dejado a sus amigos y familiares para mudarse a Colorado Springs y trabajar con un ministerio extraordinario.

Julie sonrió. Ahora era distinta: Cristo la había cambiado. «A qué Dios tan asombroso servimos que puede cambiarnos tanto», dijo Julie. «Todos los días nos cambia con el fin de que seamos cada vez más como Él».

¿Cómo se libró Julie de sus profundas inseguridades y se transformó en esta nueva persona que apenas ella misma reconoce?

Lo hizo a causa de su pasado, dijo Julie, «siempre recelé un poco de confiar completamente en el Señor. Por mucho que intentaba confiar en mi Padre celestial, cuando se presentaba una situación difícil, me invadía la inseguridad y me asustaba de nuevo». Luego corría a su cuarto de oración y oraba hasta que Dios le daba la fuerza para emerger una vez más.

Una nueva confianza comenzó a crecer en la vida de Julie cuando descubrió las verdades de Dios en Romanos 8, que dice así:

> Los que viven conforme a la naturaleza pecaminosa fijan la mente en los deseos de tal naturaleza; en cambio, los que viven conforme al Espíritu fijan la mente en los deseos del Espíritu. La mentalidad pecaminosa es muerte, mientras que la mentalidad que proviene del Espíritu es vida y paz (vv. 5-6).

Julie me recordó que la vida resucitada que recibimos de Dios no es tímida ni sepulcral. Es aventureramente expectante. Ahora saluda a Dios en su tiempo de oración como un niño: «¿Qué sigue, papá?» A medida que el Espíritu de Dios toque tu espíritu, Él te confirma quién eres en realidad: hijo o hija del Rey (ver Romanos 8:15-16).

¿Por qué somos inseguros?

La falta de confianza o ansiedad surge en nuestras vidas por muchas razones. Conozco a muchas mujeres que se sienten cohibidas porque han engordado o tienen la piel dañada. Quizás seas una mamá reciente que duda sobre cualquier cosa relacionada con el bebé y te preguntes: *¿Estoy haciendo esto bien?* Recuerdo cuando ocupé una nueva posición de gerente y sentía que era incapaz de hacer las grandes asignaciones de mi lista de tareas pendientes. Ciertamente, la inseguridad puede manifestarse de muchas maneras.

A menudo, sentimos que no somos lo suficientemente buenos. Puedes sentirte incomprendida o avergonzada porque no crees que tengas suficiente educación, belleza, dinero o lo suficiente como para complacer a los demás. Cuestionas todo incesantemente: *¿Todavía me amará él? ¿Puedo hacer este trabajo realmente? ¿Me querrá alguien en este nuevo grupo pequeño? ¿Está la gente mirándome?*

Algunas veces suponemos lo que otros piensan cuando realmente no lo sabemos. Proyectamos nuestra propia inseguridad en una situación dada. A cierto nivel, es normal cuestionar cosas. Pero si nos obsesionamos y nos preocupamos por nuestras inseguridades todo el tiempo, lo más probable es que necesitemos ayuda.

Es probable que seas muy sensible a los comentarios de los demás debido a tu doloroso pasado. ¿Te sientes indigno? Tal vez sea porque has experimentado grandes pérdidas en la vida. Es posible que hayas crecido en un hogar en completo caos y con un amor endeble. Es probable que no te hayas sentido amado o hasta rechazado. Si has sido maltratado o abandonado (física o emocionalmente), puede que no tengas una base real para el amor seguro, ningún fundamento en el que los cimientos de la confianza y el verdadero valor se mantengan firmes. No sabes que es el cuidado ni el bienestar, lo cual puede afectar tu nivel de confianza en el futuro. Si no recibiste afirmación y aliento cuando eras chico, por parte de los adultos (padres, maestros, entrenadores y otros) para ayudarte a construir un fuerte sentimiento de identidad, puedes tener una percepción distorsionada de ti mismo o incluso de Dios.

Imágenes distorsionadas

La falta de confianza y su lado opuesto, el orgullo, comprenden ambos extremos del espectro. ¿Habrá un equilibrio en el medio para una autoimagen saludable y un espíritu de confianza? Considera el verdadero sentido de la autoestima que escribí en mi libro *When Love Ends and Ice Cream Carton Is Empty* [Cuando el amor acaba y el recipiente del helado se vacía]:

> Tal vez hayas visto a una mujer que piense que ella lo es «todo». Su presunción y envanecimiento contrastan con la persona que tiene baja autoestima: y piensa que es «nada». Esta se enfoca más en sus errores que en lo que hace bien. A menudo está triste o temerosa, por lo que su inseguridad le impide hablar, arriesgarse o seguir adelante. Sea demasiada alta o excesivamente baja, pregúntate si tu evaluación propia es exacta. Pídele a Dios que te dé una idea.
>
> La mujer con una autoestima saludable se respeta a sí misma. Se siente segura y valiosa por lo que Dios dice sobre ella. Tiene confianza en las relaciones y en la vida; en general, es más feliz. Sabe que tiene significado; que vale. Con su sentido de valía y sus valores intactos, se sienta recta y camina erguida. Con su cabeza en alto, esta mujer segura de sí misma es amable, gentil y amorosa. Hace contacto visual cuando habla y no se disculpa constantemente por lo que dice o hace.[1]

Vive tu verdadera identidad

Todos tenemos motivos para sentirnos inseguros. Pero no tenemos que estancarnos en eso; tenemos opciones. En vez de vivir en medio de la inseguridad, puedes elegir hacerlo «en la seguridad». Eso significa que estás seguro de tu identidad porque sabes de quién eres. Y a medida que descubres la verdad sobre lo que Dios dice sobre ti, puedes confiar en lo que eres. ¿Qué dice Dios acerca de tu verdadera identidad? Dice que eres:

Aceptado por Dios. Romanos 15:7
Dichoso. Mateo 5:2-12
La novia de Cristo. Apocalipsis 19:7
Un hijo de Dios. Juan 1:12
Elegido. Efesios 1:11
Un ciudadano del cielo. Filipenses 3:20
Un amigo. Juan 15:15
Su compañero de trabajo. 2 Corintios 6:1

Su obra. Efesios 2:10

La luz del mundo. Mateo 5:14.

Santo y amado. Colosenses 3:12

Victorioso. 1 Corintios 15:57

¿Confianza en uno mismo o confianza en Dios?

¿En qué o en quién estás poniendo tu confianza? ¿Confías en tu propio yo o en la idea que te haces de la verdadera belleza basada en las revistas femeninas, las actrices de Hollywood o lo que dicen otras personas? Si es así, tu autoestima se derrumbará rápidamente. La confianza es mucho más que la apariencia externa de una persona. Dios ve las cosas de otra manera. En 1 Samuel 16:7 nos dice: «No te dejes impresionar por su apariencia ni por su estatura, pues yo lo he rechazado. La gente se fija en las apariencias, pero yo me fijo en el corazón».

En vez de confiar en lo que otros dicen o tener confianza en ti mismo, puedes fundar tu confianza en Dios evocando que Él puede hacer lo que tú no puedes. En otras palabras, concéntrate en lo que puedes hacer a través de Dios más que en tus propios y limitados recursos.

Uno de los personajes más memorables de la Biblia carecía de confianza. ¿Recuerdas la escena en la zarza ardiente? Dios llamó a Moisés y le pidió que se presentara ante Faraón, el jefe de Egipto, para sacar al pueblo de Israel de ese país. En vez de pensar que *Dios podía con esa misión*, se preocupó: *¿Puedo?* Así que dijo: «Por favor envía a alguien más» (Éxodo 4:13). Se sentía sin recursos; no era lo suficientemente elocuente, todo lo contrario, era tardo para hablar (ver 4:10). Moisés no estaba mirando lo que Dios podría hacer; temía a lo que él no podía.

Generaciones más adelante leemos esa historia y nos preguntamos por qué Moisés era tan inseguro. Solo en aquella conversación, ¡Dios le mostró tres milagros! Moisés vio un arbusto que ardía, pero no se consumía; un cayado que se convirtió en una serpiente y viceversa; y su propia mano se emblanqueció por la lepra y volvió a sanar. Dios incluso dijo: «Yo estaré contigo» (3:12). Después de todo lo que Moisés vio pensarías que creería sin dudar nada en absoluto. Pero no fue así, dudaba una y otra vez. Sin embargo, Dios lo usó poderosamente.

Cuando nos sentimos mal equipados o incompetentes ese, precisamente, es el momento de confiar en Dios y en lo que puede hacer a través de nosotros. Podemos sentirnos seguros cuando conocemos a aquel en quien podemos confiar. «Es él quien me arma de valor y endereza mi camino» (2 Samuel 22:33).

Sumérgete en la verdad y el amor de Dios, y verás que la inseguridad se desvanece y la confianza emerge. Cuando vemos con los ojos de Cristo, vemos quiénes somos realmente.

Lección que nos deja una geoda (roca)

Es posible que hayas escuchado la expresión «No juzgues un libro por su portada». Ese dicho popular no podría ser más pertinente que para una geoda. Esta roca en forma de melón, opaca por fuera, es generalmente rojiza e insignificante. Pero rómpela y verás en su interior una exhibición extraordinaria de coloridos cristales de cuarzo y calcita, hechos a mano por el Creador del universo. ¡Esplendor insospechado! A veces puedes sentirte como el exterior de una geoda, corriente y ordinario, pero la verdad es que hay un tesoro dentro de ti. Cuando Cristo vive en ti, puede darte confianza en tu interior, porque ahí es que cuenta. De modo que, cuando lleguen las presiones de la vida y te sientas partido en dos, Dios puede revelar lo hermoso del quebrantamiento.

ENFRENTA LO QUE TIENES POR DELANTE

Siempre tengo presente al SEÑOR; con él a mi derecha, nada
me hará caer. Por eso mi corazón se alegra, y se regocijan mis
entrañas todo mi ser se llena de confianza.

SALMOS 16:8-9

Señor, cuando veo las circunstancias que me rodean, me canso. Me siento inseguro y ansioso. No sé qué hacer. Así que opto por mantener mis ojos fijos en ti, por mirar al frente, sin ver a izquierda ni a derecha. Ayúdame a mantenerme enfocado en ti. Estoy muy feliz por poder confiar en tus promesas con todo mi corazón. Me siento seguro contigo. Empodérame y anímame, Señor. Gracias por ayudarme a ser una persona más segura. En el nombre de Jesús. Amén.

No temas

Así que podemos decir con toda confianza: «El Señor es quien me ayuda; no temeré. ¿Qué me puede hacer un simple mortal?»

HEBREOS 13:6

Señor, a veces me pregunto qué piensan los demás de mí. Dudo si soy lo suficiente bueno o si tengo capacidad para realizar las tareas cotidianas. Realmente quiero hacer mi mejor esfuerzo y ser todo lo que quieres que sea en esta vida. Sé que no puedo hacerlo solo. Por favor, dame confianza en ti Señor, no en mí mismo, porque sé que puedes hacer cosas más grandes a través de mí de lo que nunca podría haber hecho yo. Tú eres mi ayudador, mi sanador, mi sabio consejero. Contigo soy fuerte. En el nombre de Jesús. Amén.

¿En qué se basa mi confianza?

Pero benditos son los que confían en el SEÑOR y han hecho que el SEÑOR sea su esperanza y confianza.

JEREMÍAS 17:7

Señor, muchas veces he basado mi confianza en mis propias habilidades, en lo que piensan mis amigos, en lo que escucho en los medios. ¿Por qué me preocupan tanto las opiniones de los demás? Ayúdame a bloquear el pensamiento distorsionado que dice que tengo que ser algo que no soy. Ayúdame a vivir en la verdad y a confiar en ti. Al saber que soy tuyo, puedo tomar mejores decisiones basadas en la firme roca de la aceptación total. Tú eres mi base segura. En el nombre de Jesús. Amén.

TESOROS EN EL CIELO

Por lo tanto, no desechen la firme confianza que tienen en el
Señor. ¡Tengan presente la gran recompensa que les traerá!

HEBREOS 10:35

Señor, creo que estoy aprendiendo más cada día sobre cómo ser una persona segura de sí misma. A veces olvido todo lo que me has dado, la seguridad de tu amor, tu aceptación y tu provisión. Por favor, perdóname por caminar más allá de la verdad y a no conformarme con las mentiras y medias verdades que el mundo me brinda. Ayúdame a aferrarme a los tesoros que me das: soy tu amado. Soy tu hijo. Tu poder y tu fuerza me permean con el objeto de permitirme decir las cosas correctas y mantenerme firme. Ayúdame a aferrarme a mis creencias y asirme a la esperanza, consciente de que algún día seré recompensado en el cielo. Lo pido en el nombre de Jesús, amén.

SOLO POR SU GRACIA

Así que acerquémonos con toda confianza al trono de la
gracia de nuestro Dios. Allí recibiremos su misericordia y
encontraremos la gracia que nos ayudará cuando más la
necesitemos.

HEBREOS 4:16

Señor, te amo mucho. Gracias por proporcionarme una manera de presentarme ante ti con confianza, no con vacilaciones ni temores. Eres generoso y quieres que acuda a ti a cualquier hora, de día o de noche. Aquí, en la comodidad de tu amor y en la santidad de tu justicia, encuentro ayuda. Conoces mis necesidades, y pido tu gracia, no por lo que he hecho, sino por lo que soy: tu hijo. Siento gratitud por tu bondad y tu gracia. En el nombre de Jesús. Amén.

BELLEZA AUTÉNTICA

Engañoso es el encanto y pasajera la belleza; la mujer que teme al SEÑOR es digna de alabanza.

PROVERBIOS 31:30

Señor, por favor, ayúdame a verme de la manera en que tú me ves. Confirma en mi vida lo que he escuchado y permite que lo experimente. Tu Palabra dice que soy tu hija. Porque sirvo al Rey de reyes, soy una princesa. Tú me creaste; ¡Yo fui tu idea! A pesar de cómo luzco o no, pese a lo que siento o no siento, tu Palabra es fuerte y verdadera. Así que opto por creer y disfrutar de tu verdad y de tu infinito amor por mí. En el nombre de Jesús. Amén.

TÚ ERES MI FORTALEZA

Solo él es mi roca y mi salvación; él es mi protector. ¡Jamás habré de caer!

SALMOS 62:2

Señor, muchas cosas en la vida intentan sacudirme. Siento que la gente espera que yo sea tantas cosas, en mi casa y en el trabajo. Simplemente no sé si puedo hacerlo. ¿Qué pasa si los decepciono? ¿Qué pasa si no puedo hacerlo todo? Dudo de mis habilidades, y mi confianza es inestable. Ayúdame a recordar que tú eres mi roca, mi fuerza. Eres a quien puedo correr cuando siento que mi mundo se desmorona. Me aferro a ti, Señor. En el nombre de Jesús. Amén.

DIOS ES MI AYUDADOR

Cuando todos nuestros enemigos se enteraron de esto, las naciones vecinas se sintieron humilladas, pues reconocieron que ese trabajo se había hecho con la ayuda de nuestro Dios.

NEHEMÍAS 6:16.

Señor, ¡eres tan bueno! Siglos atrás, ayudaste a Nehemías cuando se enfrentó a la oposición mientras reconstruía los muros derribados de Jerusalén. Como sus enemigos vieron que tú eras su ayuda en esa tarea masiva, se asustaron y dudaron. Pero él completó la tarea y se mantuvo firme. Hoy, aún ayudas a los necesitados, y estoy muy contento porque me ayudaste. No importa qué, eres poderoso para salvar y ayudarme en mis momentos de necesidad. ¡Gracias! Lléname, Señor. Que tu confianza fluya a través de mí para que pueda tener la fuerza que necesito hoy. En el nombre de Jesús. Amén.

7

Cuando te sientas temeroso

Oraciones por valor

Así que no temas, porque yo estoy contigo; no te angusties, porque yo soy tu Dios. Te fortaleceré y te ayudaré; te sostendré con mi diestra victoriosa.

Isaías 41:10

No siempre es fácil escuchar el noticiero nocturno. Esta noche me enteré de que la bolsa de valores cayó cientos de puntos, treinta soldados estadounidenses fueron asesinados en Afganistán (veintidós de ellos son de la marina) y la severa hambruna está azotando muchas regiones de África. Una mujer dijo que había caminado durante tres meses solo para llegar a un campamento de refugiados. Piensa dónde estabas hace tres meses.

Por un lado, puedes sentir compasión; por el otro, un miedo que te paraliza. ¿A dónde está llegando este mundo? Sea en eventos mundiales o en problemas personales, el miedo aparece en todos los tamaños.

¿De qué tenemos miedo?

En una economía incierta, muchas personas se preguntan acerca de los despidos y los recortes presupuestarios. ¿Será *mi trabajo el siguiente en cerrar? ¿Perderemos la casa? ¿Qué pasará con mis reducidos ahorros para la jubilación?*

El año pasado estuve desempleada por seis meses cuando la empresa para la que trabajaba realizó despidos a nivel nacional, por lo que fue una prueba de fe vivir de los beneficios del desempleo. Por supuesto, estaba agradecida por contar con ingresos de cualquier tipo, aunque simplemente no eran suficiente para vivir si quería pagar las cuentas y comer. A menudo, me preguntaba de dónde vendrá el resto del dinero que requería. Cuando mi parte humana sintió que el miedo la arrastraba, opté por dejar de orar con palabras como «no habrá suficiente» a orar por «más que suficiente». Una y otra vez Dios respondió mis oraciones con la ayuda de generosos amigos que conocían mi desesperada situación. Cada mes me preguntaba lo mismo y todos los meses Dios suplía.

Los músculos de mi confianza se fortalecieron durante ese tiempo cuando cobré conciencia de que Dios era fiel a su Palabra. Una cosa, es decir: «Confío en Dios» cuando las cosas van bien; pero muy diferente es vivirlo cuando estás literalmente dependiendo de tu último centavo.

El temor puede ser paralizante. A menudo, las preocupaciones y las dudas nos impiden tomar medidas y tener lo que realmente queremos en la vida. Daryl, por ejemplo, tiene tanto miedo al rechazo que no se ha dado la oportunidad en años de acercarse a una mujer. Sin embargo, desea casarse algún día. Cassie crea extraordinarias obras de arte sobre el lienzo, pero la aterroriza que a nadie le guste su trabajo, por lo que nunca lo muestra.

Cuando sientas temor, ¿tendrás miedo o fe? ¿Confiarás en Dios o sucumbirás a tu miedo? Una frase que se usa a menudo en la Biblia es «no temas» o «no tengas temor». Estos son solo algunos ejemplos (énfasis añadido en todos los versículos):

Abram (que más tarde se llamaría Abraham), cuando supo que tendría tantos descendientes como el número de estrellas en el cielo sintió temor: «Después de esto, la palabra del SEÑOR vino a Abram en una visión: *No temas*, Abram. Yo soy tu escudo, tu gran recompensa» (Génesis 15:1).

Moisés, cuando fue perseguido por el ejército de Faraón: «Moisés respondió al pueblo: *"No tengan miedo"*. Mantente firme y verás la liberación que el Señor te traerá hoy. Los egipcios que ves hoy nunca más los volverás a ver. El Señor luchará por ti; solo necesitas estar quieto» (Éxodo 14:13-14).

Josué, que sucedió a Moisés, cuando estaba a punto de conducir al pueblo israelita a la tierra prometida: «¿No te he mandado? Se fuerte y valiente. *No tengas miedo;* no te desanimes, porque el Señor tu Dios estará contigo dondequiera que vayas» (Josué 1:9).

José, antes de casarse con María, la madre de Jesús: «Pero después de considerar esto, un ángel del Señor se le apareció en sueños y le dijo: "José, hijo de David, *no temas* llevar a María a casa como tu esposa, porque lo que se concibe en ella es del Espíritu Santo"» (Mateo 1:20).

Me imagino que la mayoría de la gente hoy se moriría del susto si un ángel se les apareciera o escucharan la voz audible de Dios. Pero eso es lo que hizo esa gente común y corriente después de un encuentro temeroso que marcó la diferencia. A pesar de su miedo, cada uno de ellos siguió adelante, creyendo en Dios y avanzando en la fe. Eso mismo aplica para ti y para mí; podemos decidir qué haremos con el miedo que sentimos. Podemos aprender a vencerlo por el poder de Dios.

Dios cumple lo que promete

Una vez escuché acerca de una familia misionera estadounidense, una pareja con niños, que vivían en una aldea en Somalia que estaba siendo atacada por los rebeldes. Estos, sin una pizca de dirección moral, estaban saqueando y matando personas. La familia apenas tuvo tiempo de correr al dormitorio, cerrar la puerta y acurrucarse alrededor de la cama. Temerosos por sus vidas, oraron en silencio. Podían oír la batalla al otro lado de la puerta de la habitación, luego hubo silencio.

Horas después, cuando se atrevieron a salir del dormitorio, la familia salió y habló con alguien que dijo que los rebeldes habían sido atrapados. Supieron que cuando las autoridades les preguntaron a los rebeldes por qué no mataron a la familia misionera, respondieron: «Entramos por todas las puertas de esa casa. Pero no vimos esa». La familia se salvó porque Dios había bloqueado los ojos de los asesinos para que no vieran la puerta detrás de la que ellos estaban escondidos, ¡y la pasaron por alto!

Vence el miedo

¿Cómo dejas de lado la preocupación y la duda? Primero, recuerda lo que Dios ha hecho en el pasado, por ti y por los demás. Evoca la manera en que te ha tratado antes y cree que lo hará de nuevo. Pídele al Espíritu Santo que te ayude a hacer lo que no eres capaz de hacer por ti mismo.

El miedo dice: «No puedo manejar esta situación». La fe afirma: «Dios puede». Cuando te rindes y abandonas tus suposiciones, las cosas pueden comenzar a cambiar. Confía en que, aun cuando no puedas ver cómo va a funcionar todo eso, Dios sabe cómo lo va a hacer. Guarda en tu interior la verdad acerca de Dios como protector, ayudador y sanador. Él es más fuerte que cualquier fuerza que intente venir en tu contra. Dios te susurra: ¿Confiarás en mí? ¿Crees que me ocuparé de todas tus necesidades y calmaré tus temores?

Aun cuando confíes, es probable que necesites pararte y luchar puesto que tu miedo podría ser un escollo espiritual. Tu enemigo puede no ser un país invasor o un atacante callejero. El enemigo número uno de la humanidad es el diablo, y está dispuesto a matar, robar y destruir (ver Juan 10:10). Él quiere matar tu esperanza, robar tu alegría y destruir tu existencia. Aunque puede ser difícil hablar de ello, debemos saber que el enemigo existe para poder luchar contra él. ¿Cómo te paras y luchas contra un enemigo que no puedes ver?

Recuerda, no estás solo. El Señor está contigo siempre y luchará por ti.

El plan es este: sométete, resiste y triunfa. Santiago 4:7 afirma: «Así que sométanse a Dios. Resistan al diablo, y él huirá de ustedes». Somos como los bomberos espirituales que «apagamos las llamas» de nuestro enemigo con la oración. Efesios 6:11-13 nos dice más:

Pónganse toda la armadura de Dios para que puedan hacer frente a las artimañas del diablo. Porque nuestra lucha no es contra seres humanos, sino contra poderes, contra autoridades, contra potestades que dominan este mundo de tinieblas, contra fuerzas espirituales malignas en las regiones celestiales. Por lo tanto, pónganse toda la armadura de Dios, para que cuando llegue el día malo puedan resistir hasta el fin con firmeza.

Es por eso que la oración es tan importante. Aun cuando no sepas qué decir, comienza con: «Señor, enséñame a orar». Es posible que no digas las cosas a la perfección, lo cual está bien. La actitud de tu corazón vale más que tus palabras. Recuerda, tienes el poder del Espíritu Santo para que interceda por ti (ver Romanos 8:26).

El Dios vivo escucha y obra en tu nombre. Su poder puede cambiar las cosas, calmar tus temores y sacarte de situaciones terribles, o ayudarte a superarlos. Ya sea que elijas orar en silencio, hablar en voz alta o escribir tus oraciones en un diario, Dios recibe las oraciones de un corazón sincero.

Cuando parezca que el mundo se está desmoronando, cuando tu vida personal se sienta como un huracán en el Atlántico, o cuando simplemente no sepas qué hacer, el Señor es tu ancla firme. En las tormentas de la vida, Él es tu seguridad, tu garantía, tu fuerza. El miedo se convierte en coraje y fe a medida que liberas el control y te aferras al que nunca te dejará ir. No temas, porque el Señor está cerca. En tiempos difíciles, en todos los tiempos, Jesús es tu paz.

Tenemos esta esperanza como un ancla para el alma, firme y segura.

HEBREOS 6:19

Lección que nos deja un sendero trillado

Andar con miedo y duda es como caminar por un sendero muy trillado. Puede ser un trayecto familiar, pero conduce a un lugar de oscuridad y desesperación. En vez de permanecer en un camino que conduce a la destrucción de tu vida emocional, puedes optar por poner un letrero que diga: «camino cerrado» y tomar otra vía. El camino de Dios, el camino de la esperanza, conduce al valor y la fe. Este camino te insta a salir de la oscuridad y a caminar hacia la luz. Es probable que parezca extraño el hecho de escoger la fe por encima del miedo, pero en eso nunca estás solo. Dios está contigo y el poder del Espíritu Santo te ayudará a superarlo. Es hora de liberarte del miedo y vivir en libertad y fe. Siente el cálido sol en tu rostro mientras eliges un nuevo camino para marchar a la luz de la verdad: vivir por fe, no por vista. El coraje está aquí. ¿Qué camino tomarás? La decisión es tuya.

AMOR INDEFECTIBLE

Depositen en él toda ansiedad, porque él cuida de ustedes.

1 PEDRO 5:7

Señor, por favor, ayúdame. Tengo mucha preocupación e inquietud; siento como pesadas cadenas a mi alrededor, un peso en mi corazón. Sin embargo, tu Palabra dice que «eche mi ansiedad» sobre ti. ¿Me atrevo a confiar en ti por lo imposible del caso? Estoy en una encrucijada. Llevé estos miedos por tanto tiempo que estoy cansado. Aquí, Señor, te doy mis problemas. Pido tu ayuda. Toma este gran peso del miedo y aligera mi corazón con una nueva fe, una fe más profunda. Te lo pido, creyendo en el nombre de Jesús. Amén.

NUNCA ABANDONADO

Ya te lo he ordenado: ¡Sé fuerte y valiente! ¡No tengas miedo ni te desanimes! Porque el SEÑOR tu Dios te acompañará dondequiera que vayas.

JOSUÉ 1:9

Señor, muchas veces estoy tentado a dudar. Me preocupo y temo que suceda algo. Fortaléceme y ayúdame a ser enérgico y valiente a pesar de mis circunstancias. Saber que estás cerca todo el tiempo marca la diferencia; me da paz. Prometiste estar conmigo siempre, no importa a dónde vaya. Gracias Señor. Ayúdame a recordar eso y a sentir tu cercanía. En el nombre de Jesús. Amén.

Por un sueño tranquilo

En paz me acuesto y me duermo, porque solo tú, Señor, me haces vivir confiado.

SALMOS 4:8

Señor, gracias porque a pesar de las tormentas temerosas que me rodean, eres mi paz. Ayúdame a abandonar mis preocupaciones, a dejarlas al pie de la cruz, consciente de que puedes manejar lo que yo no puedo. Tú, precioso Señor, eres mi seguridad; contigo estoy seguro. Dame paz y un dulce sueño mientras confío en ti. En el nombre de Jesús. Amén.

Camina por la fe

Vivimos por fe, no por vista.

2 CORINTIOS 5:7

Señor, parece que cuando confío en lo que veo, o creo que veo, puedo tener miedo. Pero tú lo ves con unos ojos diferentes. Ves la imagen completa: el comienzo, el medio y el final. Tú sabes lo que yo desconozco. Por tanto, cuando sea tentado a confiar únicamente en las circunstancias que me rodeen, elegiré caminar por fe. Puedo tener paz porque tú, Dios poderoso, tienes un plan. En el nombre de Jesús. Amén.

Mantente firme

Por último, fortalézcanse con el gran poder del Señor. Pónganse toda la armadura de Dios para que puedan hacer frente a las artimañas del diablo. Porque nuestra lucha no es contra seres humanos, sino contra poderes, contra autoridades, contra potestades que dominan este mundo de tinieblas, contra fuerzas espirituales malignas en las regiones celestiales.

EFESIOS 6:10-12

Señor, necesito fuerzas. Algunas veces mis preocupaciones y mis temores se ensañan contra mí, por lo que me siento muy impotente y abrumado. Pero tú, Señor, eres más fuerte que cualquier fuerza en este planeta y fuera de él. ¡Pelea por mí! Haz retroceder la oscuridad en el nombre y el poder de Jesús. Ayúdame a ponerme la armadura completa de Dios. ¡Contigo soy vencedor! Decido creer y confiar en ti. En el nombre de Jesús. Amén.

PROTEGIDO DE DAÑOS

Pero el Señor es fiel, y él los fortalecerá y los protegerá del maligno.

2 TESALONICENSES 3:3

Señor, me alegra que seas el poder más fuerte del universo. Cuando las cosas traten de venir en mi contra, ayúdame a recordar que estoy protegido del daño y el mal, y que puedo invocar el nombre de Jesús. Tú me proteges. Eres el escudo que protege de las flechas del dolor ajeno y de las mentiras del maligno. Cuando me acerco a ti, te acercas a mí. Fiel, poderoso y verdadero, ¡tú eres mi fuerte Protector! Gracias Señor. En el nombre de Jesús. Amén.

AMOR PERFECTO

El amor perfecto echa fuera el temor. El que teme espera el castigo, así que no ha sido perfeccionado en el amor.

1 JUAN 4:18

Señor, quiero tener una vida llena de amor, no de miedo. ¿Me ayudarás? Sé que no debería ser aprensivo, pero lo soy; tal vez por mi pasado o porque los demás me han lastimado con mucha frecuencia. Ayúdame a sentir tu amor, a recibirlo, a vivirlo y darlo a otros. El amor es el mejor obsequio de todos, regalo que quiero desenvolver y usar. En el nombre de Jesús. Amén.

DEJA EL MIEDO

Confío en Dios y no siento miedo. ¿Qué puede hacerme un simple mortal?

SALMOS 56:11

Señor, he estado recorriendo este gastado sendero de temor y ansiedad por demasiado tiempo. Quiero cambiar el curso de mis pensamientos y de las acciones de mi vida. Quiero dejar el miedo atrás y emprender tu camino de esperanza. Llévame a la valentía al dar este pequeño paso de fe. Estás llamándome; decido seguirte, aunque incierto, tembloroso, pero dispuesto porque sé que estás conmigo. Adelante, Señor, guíame. Tú eres mi gran esperanza. En el nombre de Jesús. Amén.

8

Cuando lidies con personas difíciles

Oraciones pidiendo fuerza y gracia

Muchas son las angustias del justo, pero el Señor lo librará de todas ellas.

SALMOS 43:19

«Mi trabajo es genial», dijo Priya. «Son las personas con las que trabajo las que me vuelven loco». No importa dónde trabajes o con quién vivas, siempre habrá personas con diversos puntos de vista o hábitos inconvenientes.

Al igual que Priya, tal vez pases la mayor parte del día lidiando con divas (personas que creen que tienen derecho a todo y que todos los demás lo saben). Ya sea que estés frustrado porque un conductor te estorba en el tráfico o que un miembro de tu familia te lleve al límite de tus fuerzas, necesitas fortaleza para enfrentar a las personas difíciles en muchas áreas de la vida.

No entiendo cómo algunas personas pueden ser francamente malas. Sus palabras son abusivas, incluso en el lugar de trabajo. Recuerdo haber trabajado para una mujer que tenía un temperamento explosivo. Ella gritaba, golpeaba con sus zapatos de tacón alto y arrojaba papeles sobre mi escritorio. Nunca pensé que fuera un comportamiento apropiado, así que hablé con ella al respecto. Lo negó todo.

Entonces me dirigí a su superior, un vicepresidente, esperando obtener una solución. Escuchó lo que tenía que decirle y luego, para mi sorpresa, dijo: «No creo que haya problema con eso; creo que tú eres el problema». ¿Qué? Me sentí como si estuviera en una película de misterio. Más tarde, me enteré de que la mujer que trabajaba conmigo y el vicepresidente tenían una aventura, razón por la cual la defendía, a pesar de que claramente estaba equivocada. Por dicha, Dios me sacó de esa horrible situación cuando un gerente de otro departamento me pidió que trabajara para él.

Las personas difíciles pueden estar en nuestros lugares de trabajo o, por desgracia, en nuestros propios hogares. Tal vez tengas un pariente que sea un sabelotodo arrogante o un borracho inoportuno. Tal vez tu cónyuge se queje constantemente o te picotee como lo hace el pájaro carpintero en los árboles. ¿Es posible que tengas que vivir en un ambiente con palabras ofensivas y humillantes o con alguien que es crítico y manipulador?

Tus opciones

Estoy segura de que tienes tu propia lista de cosas que te molestan al tratar con personas que te ignoran, te estorban o te insultan. No importa lo que suceda o cómo te trate la gente, tú puedes elegir el modo de responder ante diversas situaciones. Puedes responder a la defensiva y airadamente o con amabilidad, respeto y tacto. Puedes cambiar el tema. Puedes alejarte. Puedes elegir no discutir y tomar el camino correcto. Tienes opciones.

Por supuesto, es natural que te ofendas cuando alguien hiere tus sentimientos; pero lo que *hagas* con esa ofensa, ya sea que la mantengas dentro permitiendo que te afecte u optes por no hacerle caso, marca la diferencia. ¿Cómo puedes lidiar con el conflicto y la lucha creada por las personas difíciles?

Jesús tenía algunas cosas extraordinarias que decir sobre el manejo del conflicto y el trato con personas difíciles, como por ejemplo, amar a tus enemigos (ver Mateo 5:44). La naturaleza humana a menudo quiere hacer lo contrario. A veces, lo más amoroso es «decir la verdad con amor» (Efesios 4:15) y decir las cosas difíciles con amabilidad y tacto, pero también con audacia y verdad.

Cuando alguien te haya lastimado o haya pecado contra ti, acude primero a la persona que te ofendió. En Mateo 18:15-17, Jesús dijo: «Si tu hermano peca contra ti, ve a solas con él y hazle ver su falta. Si te hace caso, has ganado a tu hermano. Pero, si no, lleva contigo a uno o dos más, para que todo asunto se resuelva mediante el testimonio de dos o tres testigos. Si se niega a hacerles caso a ellos, díselo a la iglesia; y, si incluso a la iglesia no le hace caso, trátalo como si fuera un incrédulo o un renegado».

¿Cuáles son algunas otras cosas que puedes hacer al tratar con personas difíciles?

Mantén la perspectiva. Herir a la gente lastima a otras personas. Pueden tener problemas en sus vidas que los hagan actuar de la manera en que lo hacen. Saber eso puede ayudarte a lidiar mejor con la situación. A menudo, el problema *no es contigo* sino con *ellos*.

Comunícate con tacto. No culpes ni acuses. Al contrario, di: «Cuando [describe la acción de ellos], siento [describe cómo te sientes]». Por ejemplo: «Cuando me interrumpes, siento que no te importa lo que tengo que decir». Por supuesto, hay momentos en que, a pesar de tus mejores esfuerzos, es posible que tengas que abandonar la habitación y manejar la situación en otro momento para que la ira se disipe.

Pregúntate: «¿Qué puedo aprender de esto?» Tal vez estés aprendiendo a desarrollar una paciencia más profunda a través de una relación desafiante o una mayor dependencia de Dios para que te ayude en los momentos difíciles.

Orar. Lo más importante es orar por la persona que te está molestando; pedir gracia y fuerza para tu respuesta. Pregúntale a Dios cómo debes tratar mejor con esa situación desafiante. Dios puede sacarte de allí o puede sostenerte mientras permaneces en eso. O conociendo al Dios creativo al que servimos, puede que simplemente haga otra cosa. Filipenses 4:13 declara: «Todo esto puedo hacerlo por medio de aquel que me fortalece». Tienes que saber que no puedes manejar la situación con tus propias fuerzas. Es posible que desees enojarte y atacar; puedes pensar que la venganza es la única manera, pero Dios puede empoderarte y permitirte responder en formas que lo honren a Él.

Por último, espera que las cosas cambien. Aunque no puedes cambiar a otra persona, puedes modificar tu propio comportamiento y tomar diferentes decisiones con tus palabras y tus acciones.

Hacer frente a las personas difíciles es parte de la vida. No siempre es fácil, pero afortunadamente Dios es más grande que cualquier obstáculo, incluso que esa persona en tu oficina o en tu sala de estar. Ora por tus desafíos, ten esperanza y mira lo que sucede. Dios está en la obra. Puedes tener paz.

Lección que nos deja un diamante

Los diamantes son diferentes a cualquier otra piedra preciosa en la tierra. Esas piedras preciosas resplandecen con brillo y belleza radiantes. Curiosamente, los diamantes se forman debajo de la superficie de la tierra debido al excesivo calor y a las altas presiones. Cuando la calefacción está encendida en tu oficina por causa de un compañero de trabajo impertinente, o por un miembro de la familia que está llevándote al límite de tus emociones, recuerda que se está formando algo valioso dentro de ti: carácter, paciencia y perseverancia. Esos rasgos valen más que los diamantes.

AMA DE CUALQUIER MANERA

Pero yo les digo: Amen a sus enemigos y oren por quienes los persiguen.

MATEO 5:44

Señor, hay una persona que me desafía constantemente en este momento, tanto que a veces no sé qué hacer. Nos dices que amemos a nuestros enemigos, pero mi naturaleza humana quiere hacer lo contrario. Muéstrame cómo amarle y dame la fuerza para hacerlo. Derrama tu poder en mí para mostrarle bondad, aun cuando esa persona no se la merezca. Dame discernimiento para saber cuándo enfrentar una situación y cuándo alejarme. Opto por el

camino principal del amor; protege mi corazón. En el nombre de
Jesús. Amén.

No juzgues a otros

No juzguen a nadie, para que nadie los juzgue a ustedes.
Porque tal como juzguen se les juzgará, y con la medida que
midan a otros, se les medirá a ustedes.

MATEO 7:1-2

Señor, hay personas que pueden ser malvadas, hirientes o desagra-
dables y es difícil entender por qué. Sin embargo, tú conoces a esa
persona difícil. Ayúdame a darme cuenta de que las personas heridas
lastiman a otros porque tienen sus propios problemas con los cuales
lidiar. Quizás esa persona tuvo un pasado difícil. Ello no excusa su
comportamiento, pero me ayuda a no ser tan veloz para juzgarle.
Por favor, sana mi situación con esa persona. Dejo el resultado en
tus manos. En el nombre de Jesús. Amén.

Cómo lidiar con los chismes y las mentiras

Nos hemos enterado de que entre ustedes hay algunos que
andan de vagos, sin trabajar en nada, y que solo se meten en lo
que no les importa.

2 TESALONICENSES 3:11

Señor, no puedo creer lo que dicen otras personas, sobre todo cuando
sus palabras o sus acciones hieren a los que amo o a mí. Por favor,
trabaja con los chismes y las mentiras que han estado extendiéndose.
Defiéndeme, Señor. Oro por protección y para que las cosas vayan
bien. Sé mi abogado con la verdad. Sé que no puedo cambiar a los
demás, pero puedo cambiar la forma en que los trato. Por favor,
dame una actitud correcta y una nueva perspectiva. Por favor, deja
que la verdad se conozca, mi honor sea restaurado y tu nombre sea
glorificado. En el nombre de Jesús. Amén.

CUANDO ES DIFÍCIL AMAR A LOS DEMÁS

*Por lo tanto, mis queridos hermanos, manténganse firmes
e inconmovibles, progresando siempre en la obra del Señor,
conscientes de que su trabajo en el Señor no es en vano.*

I CORINTIOS 15:58

Señor, necesito tu ayuda para mantenerme firme en este momento. Siento dudas e inseguridad. Quiero seguirte y hacer tu voluntad, pero esta persona problemática se atravesó en mi vida. Necesito tu fuerza para decir las cosas correctas y amar a tu manera. Ayúdame a ver, más allá del problema, a la persona que está arruinando mi vida. Dame fuerzas para decir la verdad con amor, para defenderme y decir las cosas difíciles, con amabilidad, pero también con valor y verdad. Por favor, ayúdame a hacer las cosas bien. Fortaléceme. En el nombre de Jesús. Amén.

UN CORAZÓN PACIENTE

*Hermanos, también les rogamos que amonesten a los
holgazanes, estimulen a los desanimados, ayuden a los débiles y
sean pacientes con todos.*

I TESALONICENSES 5:14

Señor, necesito tu ayuda. A veces, lo último que tengo es paciencia con esa persona que me molesta. Ayúdame a ser más como tú, amando, aceptando y actuando con bondad. Crea en mí un corazón compasivo por los demás. No puedo manejar esta situación en la que estoy, pero tú puedes hacerlo. Señor, que los demás vean a Cristo en mí. Ayúdame a ser una persona pacificadora, no peleadora ni conflictiva. Usa esta relación para tu gloria, incluso ahora, cuando las cosas son difíciles. Te pido tu ayuda. En el nombre de Jesús. Amén.

EL CAMINO A LA ESPERANZA

Y no solo en esto, sino también en nuestros sufrimientos, porque sabemos que el sufrimiento produce perseverancia; la perseverancia, entereza de carácter; la entereza de carácter, esperanza. Y esta esperanza no nos defrauda, porque Dios ha derramado su amor en nuestro corazón por el Espíritu Santo que nos ha dado.

ROMANOS 5:3-5

Señor, ha sido un largo camino, tener que estar cerca y compartir con esa persona difícil. Conoces la historia y sabes que necesito tu ayuda y tu sanidad. Por favor, dame fuerzas a medida que recorro este camino de perseverancia en una situación difícil. Estás construyendo mi carácter, lo cual me lleva a la esperanza. A lo largo del trayecto, me cansaré, pero sigues manteniéndome. Cuando viertes tu amor en mí, se derrama en las vidas de los demás. Que vean a Cristo en mí, aun cuando sienta algo diferente a Cristo. Gracias. En el nombre de Jesús. Amén.

GUARDA MI CORAZÓN

Por sobre todas las cosas cuida tu corazón, porque de él mana la vida.

PROVERBIOS 4:23

Señor, mi corazón necesita protección. Quiero ser una persona amorosa, tener siempre una puerta abierta. Pero también necesito saber cuándo cerrar la puerta de mi corazón para evitar las malas influencias o las personas dañinas. Ayúdame a proteger mi precioso corazón, mi vida interior y tener límites apropiados. Ayúdame a actuar con sabiduría en el tiempo que paso con los demás y lo que decido compartir. Quiero ser confiable pero también tener sensatez y seguridad. Protégeme, mi fuerte Centinela. En el nombre de Jesús. Amén.

9

Cuando te sientas solo

Oraciones por amor y para vivir conectado

Vuelve a mí tu rostro y tenme compasión, pues me encuentro solo y afligido.

SALMOS 25:16

Wayne tiene una vida solitaria. Todos los días se sienta frente a una computadora, solo en un pequeño cubículo en el trabajo. Por la noche se hunde en el sofá frente al televisor para relajarse. Pasa gran parte de su tiempo libre en Internet, en Facebook o con los videojuegos. Tiene un sentimiento de «comunidad virtual», pero pocos amigos con quienes interactuar en persona. Debido a su falta de habilidades sociales, Wayne a menudo está solo.

Kate es una recién estrenada madre que se la pasa en casa todo el día con su bebé. Lo ama, pero extraña la compañía y la conversación de sus colegas en la oficina. Y Paige, una gerente de mercadotecnia, acaba de mudarse a más de mil kilómetros de su ciudad para comenzar un nuevo trabajo en una ciudad donde no conoce a nadie. Se siente un poco perdida y desconectada de sus amigos y de su casa.

Hay muchas razones por las que puedes sentirte aislado o solo. Tal vez acabas de terminar una relación y tus amigos son pocos, o estás tan ocupado en el trabajo que no tienes tiempo para iniciar nuevas amistades, y mucho menos mantener los hilos de los que ya tienes. Tal vez te estés recuperando de una enfermedad o de una lesión, y la gente está demasiado ocupada para pasar tiempo contigo. O tu autoestima está tan baja que no quieres, o no puedes, acercarte a los demás para crear amistades sólidas y duraderas.

Podemos sentirnos solos porque lo estemos físicamente o nos sintamos marginados o alienados, aun cuando estemos rodeados de personas. Recuerdo cuando acababa de mudarme a un nuevo estado y estaba en la sección de comidas de un centro comercial. Decenas de personas estaban ahí, sin embargo, sentía nostalgia y soledad.

No importa cuál sea el motivo, sentirse aislada, desconectada o inadvertida es doloroso.

Una vez tuve una compañera de cuarto que no soportaba estar sola. Lizzie hizo el propósito de estar rodeada de personas casi constantemente, fuera en lo personal, por teléfono o en Internet. Empecé a pensar que su teléfono celular estaba permanentemente pegado a su mano derecha. Ella aborrecía la idea de la soledad.

Unas veces necesitamos la paz y la tranquilidad que trae el tiempo a solas; otras, necesitamos conexión con los demás. Pero hay una diferencia entre la soledad y estar solo.

Estar solos puede ser necesario después de una semana difícil en el trabajo o en nuestro tiempo de oración con Dios. Con el que más nos ama podemos expresar nuestros problemas, pedir ayuda y agradecerle por todo lo que ha hecho por nosotros. También podemos aprender a escuchar. En la quietud, podemos escuchar lo que Dios está tratando de comunicarnos. Lejos del ruido y las distracciones, podemos absorber la verdad en maneras novedosas.

La soledad es diferente. Una definición dice que «la soledad es una conciencia dolorosa de que no tenemos un contacto cercano y significativo con los demás». Implica una sensación de vacío interior, aislamiento y anhelo intensos».[1] También es posible que se sienta triste, ansioso o inferior porque no puede conectarse con otras personas ni con *una* persona en particular.

La importancia de la conexión

Vivimos en una sociedad que exalta la autosuficiencia y donde estamos más desconectados que nunca. El Internet ha cambiado radicalmente la forma en que interactuamos con las personas. Por un lado, es una herramienta fantástica. Desde la sala de mi casa en Colorado, puedo enviar un correo electrónico a mi padre en Minnesota o enviar saludos por Facebook a mis lectores en Brasil. Por otro lado, la tecnología puede limitar las interacciones cara a cara de una persona y sus amistades cercanas. En Facebook, por ejemplo, podemos recorrer largas distancias (tener muchos «amigos») pero no profundizar (tener relaciones significativas con buenos amigos).

Todos necesitamos conectarnos con otras personas. Fuimos creados para necesitarnos mutuamente y para servir a las necesidades de los demás. De hecho, nuestra necesidad de amor, compañerismo y amigos cercanos es real. Tales cosas son vitales para nuestro bienestar emocional. Así como los puentes proporcionan un enlace de un lugar a otro, las amistades conectan a una persona aislada con otra, y pronto se construye una comunidad.

Tú puedes establecer conexiones en todas las áreas de la vida. Por ejemplo, construir una:

- *Comunidad espiritual* con personas en la iglesia o en un grupo pequeño, grupo de oración, equipo misionero o persona a persona con alguien que tenga ideas afines.
- *Comunidad social* a través de una liga de boliche, un grupo de madres, un conjunto de solteros o un café con amigos.
- *Comunidad intelectual* con personas del trabajo, un grupo de libros u otro grupo con intereses compartidos.
- *Comunidad física* a través de un equipo deportivo, clase de baile o un compañero para el gimnasio.
- *Vecindad o comunidad de la ciudad* a través de un patio de recreo local, una fiesta en el vecindario o asesorar a un joven desfavorecido.
- *Comunidad virtual,* pero asegúrate de que las conexiones de las redes sociales no sean tus únicas conexiones con otras personas.

Conéctate con Dios

Por supuesto, Dios es la primera persona con quien tenemos que hacer una conexión y Él debe ser el contacto más importante. A través de la oración y nuestra relación con Dios, tenemos la conexión más elemental y significativa posible.

La oración es hablar con Dios, no solo hablarle a Él. Es una conversación sagrada en la que se habla y se escucha. Tus palabras no tienen que ser perfectas o ensayadas, solo sinceras y desde lo más profundo de tu corazón. Dile a Dios cómo te sientes y qué necesitas. Agradécele por todo lo que ha hecho por ti y por los que amas. Cuando no sepas qué decir, incluso un simple clamor de «¡Ayuda!», llegará a los oídos amorosos de Dios.

Para superar la soledad, es posible que desees comenzar por preguntarte por qué te sientes solo. ¿Es por un movimiento reciente u otra razón, o te has sentido así por algún tiempo? Pídele a Dios que haga su presencia real ante ti. Pídele que te ayude a tener esperanzas de que las cosas puedan cambiar en tu vida. También puedes pedirle que te dé valor para acercarte a otra persona o para mantener relaciones afectuosas con amigos, familiares u otras personas nuevas. Finalmente, pregúntate qué puedes hacer hoy para construir un puente con otra persona.

Jesús dijo: «Y les aseguro que estaré con ustedes siempre, hasta el fin del mundo» (Mateo 28:20). Cuando conoces a Dios, nunca estás solo.

Lección que nos deja un bosque de álamos

En un día fresco y estridente de comienzos de otoño, el álamo dorado se estremece con la brisa otoñal. A medida que brillan, en toda su dorada belleza, en el contexto de un cielo azul claro, recuerdo por qué me encanta vivir en Colorado.

A diferencia de otros árboles, los álamos se conectan. Aunque cada árbol yace solo, individual, los bosquecillos de álamos son literalmente organismos, puesto que sus sistemas de raíces están entretejidos.

Del mismo modo, las personas necesitan comunidad y conexión con los demás para prosperar. Necesitamos vínculos y relaciones de todo tipo: familia, amigos, comunidad o personas que conocemos de la iglesia, en los deportes o grupos de entretenimiento. Cuando elegimos entrelazar nuestras vidas con los demás, encontramos satisfacción emocional y un corazón para servir a otros. Incluso los gestos simples nos conectan, como traer una comida a un amigo con un brazo roto o llamar a la abuela sin un motivo especial. No estás solo. Todos estamos conectados.

SEÑOR, AYUDA A MI SOLEDAD

Vuelve a mí tu rostro y tenme compasión, pues me encuentro solo y afligido.

SALMOS 25:16

Señor, ya sabes el dolor en el que estoy ahora. Me siento muy vacío y solo. Sé que he estado aislado y necesito contacto con otras personas, pero a veces es difícil. Por favor, ayúdame a aprender a construir puentes con otras personas. Necesito amistades más cercanas. Necesito una comunidad unida. Anhelo eso. Ayúdame a superar y encontrar la alegría otra vez. Te lo pido en el nombre de Jesús, amén.

NO MÁS SOLEDAD

Y les aseguro que estaré con ustedes siempre, hasta el fin del mundo.

MATEO 28:20

Señor, qué consuelo es saber que siempre estás conmigo y que nunca me dejarás solao. Muchas veces la gente me decepciona. Quiero confiar y establecer conexiones con ellas, pero aún no ha sucedido. Contigo hay paz y estabilidad. Eres mi fuerza cuando soy débil, mi verdadero consuelo cuando estoy triste. Aquí en tu presencia permanezco, habito. Gracias por estar siempre cerca. Nunca estoy solo. En el nombre de Jesús. Amén.

PRIMER AMOR

«Ama al Señor tu Dios con todo tu corazón, con todo tu ser y con toda tu mente» —le respondió Jesús—. Este es el primero y el más importante de los mandamientos.

MATEO 22:37-38

Señor, quiero agradecerte por la persona más importante en mi vida: Tú. Decidí darte el primer lugar y amarte. Haz que tu presencia sea real en mí hoy. Necesito tener esperanza en que las cosas de mi vida pueden cambiar. No quiero estar solo nunca más. Estoy cansado de este afán y este dolor. ¿Me darás valor para alcanzar o tener buenas relaciones? Quiero estar más conectado con otras personas pero principalmente, Señor, quiero estar cerca de ti. Te lo pido en el nombre de Jesús, amén.

CONSTRUYAMOS COMUNIDADES

Dios da un hogar a los desamparados y libertad a los cautivos; los rebeldes habitarán en el desierto.

SALMOS 68:6

Señor te necesito. Me he sentido solo y sin amigos últimamente. Ayúdame a conectarme con mi familia o con personas que puedan llegar a ser como una familia para mí. Llena este vacío en mí con tu amor para que pueda llenarme y tener algo que ofrecer a los demás. Necesito estar en comunidad. Necesito una amistad. Por favor, muéstrame el medio al que pertenezco. Quiero recorrer este camino de la vida con otros que me fortalezcan, que no me derriben. Y quiero ayudar a otros, a dar y recibir. Lo pido en el nombre de Jesús, amén.

DIOS ES POR MÍ

¿Qué diremos frente a esto? Si Dios está de nuestra parte, ¿quién puede estar en contra nuestra?

ROMANOS 8:31

Señor, me alegra saber que estás a favor mío. Tú, el que es el amor supremo y la máxima autoridad, me escogiste y tienes favor por mí. Gracias. En el árido desierto que he pasado, me he sentido solo hasta y desesperado a veces. Pero cuando recuerdo la verdad de que estás conmigo y por mí, me despojo del dolor y lleno mi corazón de esperanza y alegría. Estoy agradecido. Y alabo tu santa persona. En el nombre de Jesús. Amén.

SEÑOR, NECESITO AYUDA

La viuda desamparada, como ha quedado sola, pone su esperanza en Dios y persevera noche y día en sus oraciones y súplicas.

1 TIMOTEO 5:5

Señor, aquí estoy, en una situación desesperada. Me siento tan solo, como si estuviera en un desierto. Por favor, reúnete conmigo en este lugar desolado. Todos los días oro y pido ayuda, para aliviar mi corazón adolorido. Ayúdame a aferrarme a la esperanza, a asirme a ti. Tú eres mi Esperanza audaz. Conoces mis necesidades: emocionales, físicas, espirituales y sociales. Sabes todo sobre mí. Te rindo mis necesidades y te pido que hagas lo mejor por mí. Pongo mi confianza en ti. Lo pido en el nombre de Jesús, amén.

ACEPTADO EN LA FAMILIA DE DIOS

Yo seré un padre para ustedes, y ustedes serán mis hijos y mis hijas, dice el Señor Todopoderoso.

2 CORINTIOS 6:18

Señor, qué privilegio es que me llames hijo o hija. Ayúdame a conocerte como el Padre que eres, que ama, acepta, protege y provee para mí. Me siento honrado por tu perdón, aun cuando soy un desastre. Gracias. Como tu hijo, enséñame a vivir con valor y convicción mientras busco más conexiones y relaciones. Ayúdame a encontrar a otros en la familia de Dios y en mi propia familia con quienes pueda estar más cerca. Gracias por el regalo de tu amor. En el nombre de Jesús. Amén.

10

Cuando estés aburrido

Oraciones por sensatez y propósito

Pido también que les sean iluminados los ojos del corazón
para que sepan a qué esperanza él los ha llamado, cuál es la
riqueza de su gloriosa herencia entre los santos.

Efesios 1:18

Si crees que aburrirte es simplemente no tener nada que hacer, piénsalo de nuevo. Aunque esa es una definición, muchas personas encuentran que el aburrimiento es un lugar de vacío interior y descontento.

Hace tiempo, trabajé en una gran empresa y, después de estar allí por doce años, me sentía inquieta. Sabía cómo hacer el trabajo, pero la monotonía era agotadora. Necesitaba un cambio. Es posible que también te sientas insatisfecho en tu trabajo. Quizás sea tedioso o es una labor que has estado haciendo durante tantos años que ya no te parece interesante.

He pasado momentos en mi vida en los que he tenido un montón de cosas que hacer, pero ninguna de ellas me ha parecido interesante. Cuando tu vida está llena de cosas que debes o tienes que hacer, más que cosas que eliges o deseas hacer, el aburrimiento puede imperar en ella. Hacer siempre lo mismo puede provocar que sientas cansancio o apatía.

Simplemente ya no te interesa e incluso, aunque lo hagas, no tienes la energía para cambiar. Sin embargo, bostezas y alcanzas el control remoto.

Incluso si estás más que satisfecho con tu vida, puedes tener ocasionalmente momentos de aburrimiento como en una cena o en una primera cita cuando la persona que está al otro lado de la mesa divaga sobre algo que simplemente no te interesa. Tu mente se adormece, se entumece. Entonces, te desconectas. Seguro, sonríes y asientes de vez en cuando, fingiendo que estás escuchando, pero emocionalmente estás lejos de ahí.

Tal vez, al igual que mis amigos, cuyos hijos ya crecieron y se fueron de casa, tu hogar, una vez revoltoso, ahora yace en silencio. O estás jubilado y todavía no has encontrado la manera de darle uso a tu tiempo libre. Cualquiera que sea el motivo por el que te sientas aburrido o cansado de la vida, puedes descubrir tus pasiones y tus propósitos nuevamente.

Si te sientes perdido, es hora de «encontrarte».

¿A qué podemos acudir para encontrar gozo y renovar el sentido y el propósito? Aquí tenemos algunos puntos que podemos considerar.

Enfócate en los demás. Cuando te sientas aburrido, es probable que sea porque pasas la mayor parte de tu tiempo absorto en ti. Cuando dejas de centrarte en ti mismo y te enfocas en los demás, sucede algo maravilloso. Encuentras gozo de nuevo. Servir a otros trae alegría al corazón de Dios, y puede revitalizarte.

Por ejemplo, cuando Dean tenía poco más de treinta años, se enfrentaba a la monotonía diaria de trabajar en una fábrica todos los días y estar sentado solo frente al televisor todas las noches. Pensó que tenía que haber más en la vida, pero no sabía qué. Hoy, Dean ha encontrado sentido a su vida sirviendo a otros como voluntario con la fundación caritativa Big Brothers Big Sisters.

Haz lo que te dé energía. A Mary le encanta hacer joyas en su tiempo libre. Denise disfruta hacer álbumes de recortes. Y a menudo hallarás a María en su bicicleta serpenteando, por lo general, entre los pinos de un sendero montañoso en Colorado. Hacer lo que te gusta o probar algo nuevo te da energía.

Comienza con una cosa. Ya sea que quieras cambiar de carrera o de circunstancias, el cambio comienza con hacer una cosa. Un pequeño paso lleva a otro y luego a otro, creando así un impulso en tu vida; un impulso de avance. *Empieza con algo pequeño.* Redecorar la sala de tu casa puede parecer una tarea enorme, pero puedes comenzar reubicando las cosas que ya tienes. Es posible que desees un cambio de escenario. Podrías ir de vacaciones, pero podrías comenzar dando un paseo. Incluso si haces las mismas cosas todos los días, como cepillarte los dientes, peinarte y vestirte, puedes hacerlo en un orden diferente, para variar.

Digamos que quieres cambiar tu trabajo. Haz una cosa. Saca un libro de la biblioteca. Inscríbete en una clase para aprender nuevas habilidades laborales o llama a alguien que esté haciendo un trabajo similar que desees hacer para una «entrevista informativa» (por ejemplo: pregúntales sobre el trabajo, qué les gusta y qué no les gusta, y qué habilidades necesitarías para tener una posición similar). Tal vez sea el momento de reinventarte.

Pregúntate: «*¿Qué me detiene?*» Pregúntate qué es lo que te impide avanzar en la vida. ¿Es por falta de tiempo, dinero u otros recursos? ¿Es miedo o incertidumbre en cuanto a lo que realmente quieres?

Identifica tus talentos y habilidades. Existen muchos libros y pruebas que pueden ayudarte a identificar tus habilidades o tus dones espirituales. Descubre tus fortalezas. Conocer y usar tus dones y talentos es clave para encontrar tu propósito en la vida. Además, hallarás alegría cuando los uses.

Busca buena compañía. Todos necesitamos interactuar con las personas, pero si últimamente te has aburrido con las personas con las que has estado hablando, es posible que desees buscar más gente interesante con quien conversar.

Pregúntale a Dios qué hacer después. Si necesitas orientación y motivación, pídele a Dios que te muestre el siguiente paso para tu vida, o para el presente, de modo que te ayude a acercarte a la alegría y al propósito significativo de tu vida.

¿Por qué estoy aquí?

Por último, aunque es lo más importante, el gozo verdadero llega cuando sabes por qué estás aquí. Es lo más importante que le dará significado y propósito a tu existencia.

¿Sabías que Dios te creó para que lo conocieras y te gozaras con Él? Solo Él puede llenar tu vacío con confianza, alegría, aceptación, amor y propósito. Él es el autor de la vida y tiene un lugar para ti en su historia, con tus propios llamados, destrezas, personalidad y habilidades.

Él te creó con buenos propósitos. Por ejemplo, el propósito de ayudar a los demás en actividades tales como servir comida a las personas sin hogar, trabajar en una despensa de alimentos o simplemente llevar a alguien a la iglesia porque no tiene automóvil. ¡Tales actos bendicen a otros, nos hacen sentir bien y le dan gloria a Dios!

Efesios 2:10 dice que tú eres obra de Dios; Él te hizo. Tú eres su obra maestra. Deja que ese pensamiento inunde tu ser. Aun cuando no te sientas como una obra de arte inestimable, lo eres. El mundo trata de dañar tu belleza original y distorsionar tu percepción con medias verdades y mentiras, pero lo cierto es que cada persona es una obra de arte divina, única y altamente valorada. No importa cuál sea tu función en la vida, puedes cambiar al mundo con tus hijos, tus compañeros de trabajo o tu cultura. A medida que identifiques tus dones y habilidades, encuentra lo que te dé energía, haz lo que te agrade y conoce bien a quien te ama más, solo así pueden cambiar las cosas.

Dios tiene un propósito para ti. Él puede hacer todas las cosas, y ningún propósito suyo puede ser frustrado (ver Job 42:2).

Lección que nos deja un pozo estancado

El verano pasado, algunos amigos y yo nos quedamos en un condominio en Keystone, Colorado. Desde la terraza podíamos ver kilómetros de montañas cubiertas de pinos y un río con una corriente rápida que serpenteaba junto a un estanque cubierto de espuma. Estaba casi al lado de la fuente de agua en movimiento. El río que corría, por otro lado, alimentado por el deshielo de la montaña, estaba fresco y en continuo movimiento. Cuando estamos aislados de nuestra fuente de poder, también nos volvemos lentos e inactivos. La fuente, el Espíritu Santo de Dios, da vida. Necesitamos un flujo nuevo y constante del poder de Dios en nuestras vidas, que provenga de una relación conectada con Él y otros creyentes, y de leer y escuchar lo que Él tiene que decir en su Palabra, la Biblia. ¿Eres un pozo estancado o un río que fluye? Jesús dijo en Juan 7:38: «De aquel que cree en mí, como dice la Escritura, brotarán ríos de agua viva».

CUANDO ME SIENTO SIN RUMBO

El corazón humano genera muchos proyectos, pero al final prevalecen los designios del SEÑOR.

PROVERBIOS 19:21

Señor, a veces siento que mi vida es un vacío completo. Me siento perdido, solo y sin rumbo. Por favor, muéstrame qué debo hacer. Lléname de buenas ideas y el deseo de poner mi corazón y mis manos en obras sensatas y con propósito. Te pido que me dirijas. Permite que tus buenos propósitos prevalezcan en mi vida. Eres mi verdadero norte; muéstrame la dirección correcta. Lo pido en el nombre de Jesús, amén.

DIOS TIENE PLANES Y PROPÓSITO PARA MÍ

El SEÑOR llevará a cabo los planes que tiene para mi vida, pues tu fiel amor, oh SEÑOR, permanece para siempre.

SALMOS 138:8, NTV

Señor, te pido que me ayudes a superar los temores que tengo sobre el futuro. La vida es muy incierta. Pero puedo contar contigo pese a cualquier cosa. Tu amor es fiel, tu guía es recta y puedo confiar en que realmente tienes buenos planes para mi vida, aun cuando no lo parezca. A pesar de mis sentimientos, decido tener fe. Fortalece mi fe, Señor. Confío en ti; te doy gracias. Dirígeme. En el nombre de Jesús. Amén.

SOY UNA OBRA DE ARTE DE DIOS

Porque somos hechura de Dios, creados en Cristo Jesús para buenas obras, las cuales Dios dispuso de antemano a fin de que las pongamos en práctica.

EFESIOS 2:10

Señor, a menudo me es difícil imaginarme como una obra de arte. Sin embargo, a veces siento algo bello y digno. Pero tu Palabra dice que soy creación tuya, el resultado de tu obra maestra. Como las pinturas o las esculturas, me moldeaste y me formaste tal como soy por una razón. Oro para que me muestres las buenas obras que tienes para mí. Dame poder, sabiduría y fuerza para hacer las cosas bien para tu gloria. En el nombre de Jesús. Amén.

Muéstrame el camino

Encamíname en tu verdad, ¡enséñame!
Tú eres mi Dios y Salvador;
en ti pongo mi esperanza todo el día.

SALMOS 25:5

Señor, me alegra saber que aun en los días más aburridos trabajas en mí tras bambalinas. Ayúdame a confiar en ti hoy y todos los días. Necesito conocer tu verdad para tomar medidas en la dirección correcta. Necesito saber acerca de ti para que mi esperanza despierte. Ayúdame a salir de este aburrimiento y a seguir adelante. En el nombre de Jesús. Amén.

¿A dónde voy desde aquí?

Y ahora, SEÑOR, ¿qué esperanza me queda?
¡Mi esperanza he puesto en ti!

SALMOS 39:7

Señor, mi vida parece estar paralizada. Es como un pozo estancado. No sé qué hacer de manera diferente para convertirme en un río que fluya. Necesito tu ayuda para ponerme en movimiento. He buscado otras cosas que me ayuden a salir de esta monotonía, pero su emoción es efímera. Eres mi esperanza duradera; solo tú puedes hacer cambios significativos en mi vida. Que el poder del Espíritu Santo esté vivo y activo en mi vida. Cámbiame, Señor. Pido tu dirección. En el nombre de Jesús. Amén.

Maravillas por venir

Sin embargo, como está escrito: «Ningún ojo ha visto, ningún oído ha escuchado, ninguna mente humana ha concebido lo que Dios ha preparado para quienes lo aman».

1 Corintios 2:9

Señor, muchas veces soy tentado a conformarme con menos. No siempre tengo la energía ni la voluntad para esperar cambios en mi vida, porque las cosas han sido muy difíciles. Pero tienes cosas maravillosas preparadas para mí, y quiero encontrarlas; sea que se hayan realizado aquí en la tierra o en el cielo contigo. Tus promesas nunca fallan. Muéstrame todo lo que tienes para mí y ayúdame a no extrañarlo. Quiero tener una esperanza audaz —que supere toda expectativa— en ti, que tienes un poder maravilloso. Lo pido en el nombre de Jesús, amén.

Cuando necesito energía y fuerza

Yo, en cambio, estoy lleno de poder, lleno del Espíritu del Señor, y lleno de justicia y de fuerza.

Miqueas 3:8

Señor, siento que «me levanto y me acuesto» y todo es lo mismo. Estoy cansado y agotado. Nada parece interesarme más. No quiero vivir así, pero no sé cómo cambiar. Por favor, lléname con tu poder para que pueda obtener energía y ponerme en movimiento otra vez. Muéstrame una cosa que pueda hacer hoy para comenzar a tener impulso. Necesito tu ayuda. Necesito motivación. Revitalízame, Señor, y ayúdame a encontrar alegría y un propósito significativo nuevamente. Lo pido en el nombre de Jesús, amén.

Dios está trabajando en mí

Pues Dios es quien produce en ustedes tanto el querer como el hacer para que se cumpla su buena voluntad.

FILIPENSES 2:13

Señor, ayúdame a identificar lo que me retiene y a lidiar con ello. Podría ser miedo, inseguridad o duda. Podría ser falta de finanzas, tiempo, energía o conocimiento. Sea lo que sea, Señor, te lo entrego y te pido que venga tu poder y me muestres tu propósito con mi vida. Eres más grande y más fuerte que cualquier circunstancia. Decido confiar en ti. En el nombre de Jesús. Amén.

11

Cuando cometas errores

Oraciones por el perdón

Si a alguno de ustedes le falta sabiduría, pídasela a Dios, y él se la dará, pues Dios da a todos generosamente sin menospreciar a nadie.

Santiago 1:5

Hace poco, un trabajador de servicios públicos en Arizona cortó —por accidente— una línea de transmisión eléctrica y desconectó la energía a 1,4 millones de hogares. Aquello probablemente fue muy embarazoso para el trabajador puesto que una pequeña acción causó un gigantesco apagón en San Diego.

Intencional o involuntariamente, todos cometemos errores; nadie está exento de cometer errores. Es parte de la condición humana. Los errores casi siempre tienen un costo: tu tiempo, tu dinero, tu reputación o más. Por ejemplo, si dejas de hacer un pago a tu tarjeta de crédito, tus tarifas subirán de manera significativa. No leas la letra pequeña de un documento y puedes terminar con resultados inesperados. Si olvidas recoger a tu hija después de la clase de ballet, seguro vas a sentir un torbellino de emociones encontradas.

Si bien todos cometemos errores, es lo que hacemos después de un error lo que marca la diferencia. Si un error fue intencional o se hizo por ignorancia, simplemente no lo sabíamos, podemos revolcarnos en el pesar, correr y escondernos, u optar por aprender del error. Unas veces necesitamos perdón; otras, necesitamos sabiduría. A veces necesitamos ambas cosas.

Pide perdón

El fracaso puede convertirse en triunfo cuando le pedimos perdón a Dios, lo recibimos y aprendemos a discernir los caminos de la sabiduría. Ciertamente, necesitamos sabiduría para hacer las cosas de manera diferente y tomar mejores decisiones, pero antes necesitamos perdón.

El error cometido puede haber sido un pequeño descuido. O por otro lado, podría haber sido una desobediencia consciente, por lo que debes darle el nombre correcto: pecado. En la actualidad no es una palabra popular, pero una mala acción contra Dios es una ofensa para Él. El pecado nos separa; nos desconecta de Dios. Entonces, para estar bien con Dios nuevamente, para reconectar la relación, necesitamos el perdón.

Cuando nos arrepentimos y le pedimos perdón a Dios, nos lo extiende y abre la puerta para que tengamos comunión con Él otra vez. 1 Juan 1:9 dice: «Si confesamos nuestros pecados, Dios, que es fiel y justo, nos los perdonará y nos limpiará de toda maldad».

Aun cuando nos equivoquemos, Dios sigue amándonos. Él es constante y fiel, un Dios amoroso, pero también es un Dios de justicia. Por tanto, cuando sientas que estás siendo disciplinado, recuerda que es por una razón. Porque te ama y quiere que las cosas se hagan bien. Después que pedimos perdón, sabemos que Dios nos perdona, por lo tanto, no sigas lacerándote emocionalmente. Es posible que hayas hecho algo malo, pero eso no te hace una mala persona. Dios te ama, siempre. Él puede ser herido por tus acciones, pero la restauración está a tu disposición. Es por eso que la gracia es tan maravillosa. Además, cuando Dios te perdona, allana el camino para que puedas perdonar a los demás.

Incluso los reyes pueden cometer grandes errores. El rey David vivió hace siglos, pero batalló con muchos de los mismos deseos que la gente tiene en la actualidad. Se acostó con la esposa de otro hombre y sufrió las consecuencias. Un tiempo después, supo que Betsabé estaba embarazada. Para ocultar su pecado, David recurrió a la muerte del esposo de Betsabé —Urías—, en el frente de batalla. El pecado de David le costó la vida a un inocente. Puedes leer esta historia real en 2 Samuel 11.

Aunque David trató de encubrirlo, Dios conocía su pecado y su corazón. David se arrepintió (ver 2 Samuel 12:13), consciente de que su castigo podría ser severo. Sin embargo, ese día aprendió una lección transformadora acerca de la gracia de Dios. E hizo una crónica de su arrepentimiento y su restauración en lo que ahora es el Salmo 51.

Recibe el regalo

Cuando alguien te da un regalo, lo recibes. Eso significa que pasa de sus manos a las tuyas; abres la caja, sacas el artículo y lo usas. Y dices gracias. El regalo ha sido dado; también debe ser recibido.

Del mismo modo, Dios extiende el don del perdón cuando lo pedimos, debemos recibir el perdón que nos regala, el cual consiste en caminar en ese perdón, dejar atrás el pasado y seguir adelante. Si has herido a otra persona, puedes pedirle a Dios integridad y valor para decir que lo sientes y que te arrepientes, después pides perdón.

Luego, sigue adelante. No comiences a racionalizar el pecado, Dios ya te perdonó. Dios perdona y olvida; tenemos que hacer lo mismo perdonándonos a nosotros mismos, caminando en la verdad y dándole las gracias por todo lo que ha hecho. Puede tomarle un tiempo a tu corazón ponerse al día con tu cabeza para que te sientas perdonado. Pero ya sea que lo sientas o no, el hecho es que Dios te perdonó. Los sentimientos seguirán.

Recuerda cuán amoroso y misericordioso es Dios; que no nos trata como merecen nuestros pecados o errores. Él nos trata infinitamente mejor. Lee Salmos 103:8-12 para que tengas un buen recordatorio sobre el corazón compasivo de Dios.

Sabiduría: Aprender a discernir

Cuando cometemos errores, queremos saber qué hacer —de manera diferente— la próxima vez. Mientras dedicas tiempo para hablar con Dios en oración, pídele sabiduría. Lee los libros sapienciales de la Biblia; dos de ellos son Salmos y Proverbios. «Con sabiduría se construye la casa; con inteligencia se echan los cimientos. Con buen juicio se llenan sus cuartos de bellos y extraordinarios tesoros», dice Proverbios 24:3-4 (NTV).

El discernimiento es buen juicio. Es conocer lo correcto y lo incorrecto. También implica la sensibilidad espiritual para saber qué es verdad y qué es mentira, cuándo actuar o cuándo esperar, cuándo hablar o cuándo callar. El discernimiento viene cuando la sabiduría se desarrolla en tu vida. La sabiduría se desarrolla a medida que sigues al Líder. ¿Estás confiando en el liderazgo de Dios, escuchando lo que tiene que decirte y actuando en consecuencia? ¿Es a Él a quien le pides primero un consejo? ¿Es Él el jefe de tu hogar?

Con frecuencia, a medida que ganamos sabiduría, también dejamos de lado la necedad. Es posible que hayamos cometido errores en el pasado porque estábamos siguiendo caminos mundanos más que la sabiduría de Dios. Lo que leemos, oímos y vemos nos moldea. Los medios de comunicación y la cultura popular a menudo intentan vendernos una lista de bienes que dicen una cosa cuando la Biblia enseña otra.

Por ejemplo, el mundo dice que es correcto tener relaciones sexuales antes del matrimonio, mientras que Dios valora la pureza. No es que Dios sea un mojigato. Él te ama tanto que quiere lo mejor para ti. Quiere ahorrarte el dolor de una ruptura desgarradora cuando has estado demasiado involucrado físicamente. Además, el acto físico del amor entre un hombre y una mujer que Dios creó para el matrimonio es especial y sagrado; tiene mucho más significado que lo que se puede encontrar en una aventura de una noche o en el sexo como recreación ajeno a un compromiso matrimonial. Los caminos de Dios son diferentes de los del mundo, pero sus caminos siempre se basan en un amor más grande para ti.

La oración cambia las cosas

No subestimes nunca el poder de la oración. Nada de lo que hayas hecho o puedas hacer te mantendrá fuera del alcance de los oídos de nuestro amoroso Señor. Dios puede hacer cualquier cosa; simplemente tenemos que preguntar con fe. «La oración —dice Steven Furtick—, es la arena donde nuestra fe se encuentra con las habilidades de Dios».[1]

En esta vida, tú y yo cometeremos errores. Dios no está buscando perfección. Él conoce tu corazón y se preocupa más por tus intenciones. Cuando se lo pidas, te dará la fuerza para vivir en el presente y no seguir mirando por encima del hombro al pasado. Él te guiará y te capacitará para que tomes decisiones más sabias y para que vivas en libertad y en paz.

Lección que nos deja la órbita perfecta de la Tierra

El planeta en el que vivimos es inmenso. No sé qué usaron los científicos para medir y pesar la tierra, pero ellos dicen que tiene 12,750 kilómetros de diámetro y que pesa aproximadamente 6.6 x 1021 toneladas.[2] Está aproximadamente a ciento cincuenta millones de kilómetros del sol y gira sobre su eje, rotando y girando mientras vivimos, trabajamos y jugamos. Una de las maneras más notables en que Dios revela su sabiduría es a través de la órbita perfecta de la tierra: demasiado cerca del sol y estaríamos fritos; demasiado lejos y estaríamos congelados. De cualquier manera, los resultados extinguirían la vida. Por dicha, Dios no comete errores. Sin embargo, estamos exactamente donde se supone que debemos estar en nuestro lugar en el espacio. Pídele a Dios que te mantenga en el centro de su voluntad, en tu propia órbita personal alrededor de aquel que es sabio, amable, amoroso y justo.

PERDÓNAME, SEÑOR

«Si confesamos nuestros pecados, Dios, que es fiel y justo, nos los perdonará y nos limpiará de toda maldad».

I JUAN 1:9

Señor, me he equivocado. He pecado contra ti y los demás al cometer este error. Que desastre. Estaba equivocado, lo siento. Gracias por tu fidelidad, ya que nunca me das la espalda. Te pido perdón. Ayúdame a recibirlo, caminar en él y avanzar. Sáname, Señor. Lo pido en el nombre de Jesús, amén.

NINGUNA CONDENACIÓN

Por lo tanto, ya no hay ninguna condenación para los que están unidos a Cristo Jesús.

ROMANOS 8:1

Señor, con frecuencia parece que la gente quiere avergonzarme, culparme y criticarme cuando he hecho algo mal, pero tu Palabra me dice que en Cristo no hay condenación. Puesto que pagaste el precio con tu vida, estoy perdonado y soy libre. ¿Cómo puedo agradecerte por un regalo tan indescriptible? Que no recuerdes mi pecado y decidas mostrar misericordia es redentor. Gracias. Recibo tu don de gracia y pido poder para vivir más sabiamente. Te lo pido en el nombre de Jesús, amén.

DIOS DA SABIDURÍA

Porque el SEÑOR da la sabiduría;
  conocimiento y ciencia brotan de sus labios.

PROVERBIOS 2:6

Señor, me siento honrado y agradecido por la sabiduría que muestras. Tu conocimiento y tu comprensión superan en gran medida a los de la persona más sabia en la tierra. Son más de lo que puedo comprender. Cuando no sé algo, tienes la respuesta. Cuando no estoy seguro, tú lo estás. Sabes el final desde el principio en todos los asuntos. Ves la imagen más grande y haces lo que yo no puedo. ¡Que tu nombre sea alabado por todo lo que eres y todo lo que haces! En el nombre de Jesús. Amén.

LIMPIA MI CORAZÓN

Instrúyeme, SEÑOR, en tu camino
para conducirme con fidelidad.
Dame integridad de corazón
para temer tu nombre.

SALMOS 86:11

Señor, la vida a veces puede ser una lucha. Quiero hacer lo correcto, pero a veces me equivoco. Quiero seguir tu camino, pero las cosas del mundo me atraen. Tengo conflictos. Dame un corazón indivisible y acércame más a ti. Necesito conocer tus caminos, y que me capacites para ser fiel y obediente a todo lo que me llames. Te doy todo mi corazón. Límpiame del pecado y hazme recto delante de ti. Confío en ti para que me des sabiduría y sanidad. En el nombre de Jesús. Amén.

SEÑOR, ENSÉÑAME TU VERDAD

Cuídense de que nadie los cautive con la vana y engañosa
filosofía que sigue tradiciones humanas, la que está de acuerdo
con los principios de este mundo y no conforme a Cristo.

COLOSENSES 2:8

Señor, vivo en un mundo muy polarizado. Puede ser confuso cuando me arrastran en dos corrientes de pensamiento diferentes: la tradición humana y el camino de Dios. No quiero ser engañado por cosas que parecen correctas, pero van en contra de todo lo que representas. Muéstrame tu verdad y tu justicia en formas que pueda entender y aplicar a mi vida. Me decido por ti. Elijo la vida. Permite que siga adelante con sabiduría y fuerza para tomar las decisiones correctas. Para tu gloria. En el nombre de Jesús. Amén.

EL VALOR DE LA SABIDURÍA: INVALUABLE

Dichoso el que halla sabiduría, el que adquiere inteligencia.
Porque ella es de más provecho que la plata y rinde más
ganancias que el oro.

PROVERBIOS 3:13-14

Señor, cuando todo se haya dicho y hecho, quiero ser una persona sabia, no insensata. Deseo una comprensión más profunda de tu verdad en cada área de mi vida. Al igual que alguien que busca tesoros enterrados, busco las perlas de verdad que tienes para mí. Gracias por el don de la sabiduría, que es mejor que la plata, el oro o cualquier cosa que el dinero pueda comprar. Tu visión, tu conocimiento, tu comprensión. No tienen precio. Gracias por todo lo que me das. En el nombre de Jesús. Amén.

12

Cuando seas maltratado

Oraciones por la justicia

Yo, el Señor, amo la justicia, pero odio el robo y la iniquidad.

Isaías 61:8

Si alguna vez te han destrozado la casa o el automóvil, sabes cómo se puede sentir uno en esa situación. Me ha pasado dos veces. Los robos a tu vehículo son una cosa; pero a tu vida interior pueden ser devastadores. Tal vez conozcas el sentimiento del rechazo o la traición de un amigo o de tu cónyuge. Ya sea una bofetada en la cara o en el corazón, el maltrato de cualquier tipo es dañino y, simplemente, incorrecto.

Somos una generación marcada. Aunque no vemos los cortes ni los moretones internos causados por las palabras o acciones crueles, ahí están. En tu condición humana, es posible que desees albergar resentimientos o sentimientos de venganza. Has sido herido y quieres venganza. Pero esos sentimientos de aversión son como barcos perdidos que intentan atracar en el puerto de tu corazón. No se lo permitas.

Todos manejamos el dolor de manera diferente. Pero el dolor emocional no tiene que permanecer en nuestro interior amargándonos. La restauración es posible. El quebrantamiento puede ser restaurado.

Cuando abres tu corazón al perdón y, por el poder de Dios, decides liberar a los que te hayan perjudicado, ya no hay lugar para la ofensa. Al contrario, comienzas a sentir algo que no has sentido en mucho tiempo: paz, alegría y fuerza interior.

La justicia está servida

Una de las principales razones por las que las personas no quieren perdonar a alguien que las ha lastimado es porque creen erróneamente que saldrá impune de su delito. *Si los perdono, pueden pensar que se han salido con la suya, o creerán quizás que apruebo su comportamiento.* Crees que deberían sufrir y que eso está en tus manos. Sin embargo, cuando perdonas, estás liberando a la otra persona de tus manos y entregándosela a Dios para que tome el control; Él se asegurará de que se haga justicia.

Despójate del dolor

Cuando no perdonas, el dolor actúa como un ácido; comienza a devorar tu corazón. Pierdes tu alegría, te vuelves introvertido o te conviertes en una persona endurecida e irritable. Pregúntate: *¿A qué me aferro con tanta fuerza? ¿Qué necesito para dejarlo?*

En primer lugar, Dios nos ha perdonado y nos pide que perdonemos a los demás. Jesús dijo: «Porque, si perdonan a otros sus ofensas, también los perdonará a ustedes su Padre celestial. Pero, si no perdonan a otros sus ofensas, tampoco su Padre les perdonará a ustedes las suyas» (Mateo 6:14-15).

Perdonar a alguien que te haya agraviado es saludable para ti. Ya sea que diga o no que lo siente, ya sea que pida perdón o no, perdónalo en tu corazón. Puede parecer difícil pero, con el poder de Dios, podemos hacer lo que nunca pensamos que teníamos valor para hacer.

Recibe libertad

El perdón suelta el dolor y te libera. Ya no estás esposado a la miseria, encuentras que la amargura se aleja y el gozo regresa. Esa persona ya no tiene el control de tu vida ni de tus emociones. En vez de víctima, eres una persona victoriosa. Has vencido.

El perdón no significa necesariamente que debas reconciliarte o pasar tiempo con personas que te hayan lastimado. A veces, lo más sabio y saludable es mantenerte alejado de ellos y tener límites para proteger tu corazón de más dolor.

Sopla un viento fresco. Es la libertad que sientes cuando perdonas a quienes te maltrataron. ¿Albergarás amargura y resentimiento, o vas a encontrar libertad, perdonando a otros porque Dios te perdonó primero? La alegría recién descubierta y la paz duradera son posibles. La decisión es tuya.

Lección que nos deja un sendero montañoso y sus altibajos

Si estás conduciendo o haciendo senderismo en las Montañas Rocosas, seguramente encontrarás caminos sinuosos, con ascensos y descensos bruscos. Al igual que una montaña y sus altibajos, el camino al perdón no siempre es recto y abonado. Puede ser un terreno traicionero, plagado de amarguras y complicado por las emociones que se retuercen y se vuelven impredecibles en el paisaje de tu corazón. Perdonar a alguien que te ha hecho daño es un trayecto, desde el dolor y la ira hasta la libertad y la paz. Pero no tienes que recorrerlo solo. Con Cristo como tu guía y defensa fuerte, puedes hacer lo que nunca pensaste posible: despojarte del resentimiento y perdonar al que te hizo mal. Aférrate a la esperanza de Cristo. Él conoce el camino.

PERDONA A OTROS

Porque, si perdonan a otros sus ofensas, también los perdonará a ustedes su Padre celestial. Pero, si no perdonan a otros sus ofensas, tampoco su Padre les perdonará a ustedes las suyas.

MATEO 6:14-15

Señor, a veces es difícil entender el concepto del perdón. Parece imposible en mi fuerza humana. Pero tu Palabra dice que contigo todo es posible. Incluso el perdón. Por tanto, comienzo pidiéndote que me perdones primero; muéstrame si he hecho algo mal en esta situación. Ayúdame a estar bien contigo. Recibo tu perdón. Y te pido que me ayudes a extenderle la misma misericordia a esa persona que me ha agraviado. Ayúdame a perdonar y a vivir de nuevo. En el nombre de Jesús. Amén.

NO TOMES REPRESALIAS, DIOS RETRIBUIRÁ

No tomen venganza, hermanos míos, sino dejen el castigo en las manos de Dios, porque está escrito: «Mía es la venganza; yo pagaré», dice el Señor.

ROMANOS 12:19

Señor, cuando la gente se equivoca, a menudo siento que están en deuda. Quiero el pago; más aun, quiero justicia. Y aun así me dices que necesito liberar a mis opresores, quitar mis manos del asunto y dejárselo todo al Juez justo. Sé que ellos no van a quedar impunes, están en camino a tu justicia. Tú tomarás venganza. Por mucho que quiera aguantar, decido liberar a mis opresores. Ayúdame a dejar eso, sabiendo que te encargarás de la situación. Confío en ti. En el nombre de Jesús. Amén.

AMA LA JUSTICIA; ODIA EL MAL

Porque yo, el SEÑOR, amo la justicia; Yo, el SEÑOR, amo la justicia, pero odio el robo y la iniquidad. En mi fidelidad los recompensaré y haré con ellos un pacto eterno.

ISAÍAS 61:8.

Señor, no sé dónde estaría sin ti. Me alegra mucho que seas un Dios de amor y justicia. Te molesta que tus hijos sean agraviados. Tu corazón llora. Qué bendición es saber que eres fiel y que me has superado como mi Abogado, mi fuerte apoyo, mi héroe. En vez de víctima, soy una persona victoriosa y vencedora gracias a ti. Gracias. Te alabo. En el nombre de Jesús. Amén.

TRATA CON LA IRA

«Si se enojan, no pequen». No permitan que el enojo les dure hasta la puesta del sol.

EFESIOS 4:26

Señor, necesito ayuda. Estoy muy enojado con mi situación en este momento. No sé qué hacer. Me contenta que conozcas todos los detalles. Tú sabes todo sobre mi vida, y tienes el poder para sanar y cambiar las cosas para mi bienestar. Gracias porque tengo derecho a enojarme por lo que me han hecho. Ayúdame a no pecar en medio de eso. Decido liberar la furia dentro de mí; aquí, toma este dolor. Sana mi corazón, mi pasado, mis recuerdos, todas mis cicatrices por dentro y por fuera. Pido libertad y paz. En el nombre de Jesús. Amén.

AMOR Y JUSTICIA

La justicia y el derecho son el fundamento de tu trono, y tus heraldos, el amor y la verdad.

SALMOS 89:14

Señor, muchas personas parecen haber perdido su conocimiento del bien y del mal. Pueden ser deshonestos o francamente malos. La base de lo que eres es la integridad: Siempre cumples tus promesas, nunca fallas. Valoras la aceptación y la bondad; tu corazón está lleno de compasión por todos. ¿Dónde estaría sin tu justicia? Gracias, mi fiel Dios, por la restauración. Mi fuerza. Mi amoroso Dios. En el nombre de Jesús. Amén.

LA JUSTICIA VENDRÁ

Por eso el SEÑOR los espera, para tenerles piedad; por eso se levanta para mostrarles compasión. Porque el SEÑOR es un Dios de justicia. ¡Dichosos todos los que en él esperan!

ISAÍAS 30:18

Señor, me has visto en este momento difícil. Ya sabes todo lo que he pasado, y te agradezco que estemos en una travesía de sanidad para el corazón. Permíteme perdonar, liberar el dolor y recibir la paz y la libertad que me esperan al otro lado de la rendición. Eres un Dios de justicia y confío en que algún día todo se arreglará. Opto por esperar mientras sanas y me ayudas. Gracias por tu compasión. Eres maravilloso. En el nombre de Jesús. Amén.

13

Cuando no puedas romper un mal hábito o una adicción

Oraciones por superación

Para los hombres es imposible —aclaró Jesús, mirándolos fijamente—, más para Dios todo es posible.

MATEO 19:26

Sam tiene un problema con el alcohol. Él asiste a la iglesia y ama a Dios, pero tiene dos multas por conducir en estado de ebriedad en los últimos cinco años. Alexa, una alumna recién graduada de la universidad, ha tenido problemas con la anorexia desde que era adolescente. Sus controladores padres y sus elevadas expectativas hicieron que sintiera que la comida era lo único que podía controlar su vida. Parece que no puede detener ni cambiar su comportamiento poco saludable.

Incluso la gente buena tiene malos hábitos o adicciones que alteran su vida.

De hecho, millones de nosotros tenemos deseos que queremos vencer, pero parecen tener control sobre nuestros apetitos y acciones. Comer en exceso (u otros asuntos relacionados con los alimentos), fumar, apostar y gastar en exceso son algunos de los conflictos más comunes. Otros luchan contra la adicción al sexo, la pornografía o la adicción a la computadora. Están obsesionados y estancados.

La mala alimentación y la falta de ejercicio son los malos hábitos que Darcy enfrenta casi todos los días. Le encanta la comida rápida y, cuando en un día estresante tiene antojos y necesidad de estar cómoda —lo cual es muy a menudo—, le resulta más fácil pasar por un restaurante cercano y pedir lo que quiera. Es rápido, es fácil y la comida sabe bien. Darcy sabe que su hábito de ingerir comida rápida cargada de grasa y calorías, combinado con su vida sedentaria, son una mezcla peligrosa para su salud. Ella quiere tomar mejores decisiones, pero a veces no le importa.

Sea que tengas deseos de consumir drogas o rosquillas, o que te esfuerces con una adicción o un mal hábito, necesitarás más que fuerza de voluntad o poder para vencer y encontrar la libertad. ¿Estás camino a liberarte de lo que te mantiene atado? No siempre es fácil, pero por el poder de Dios, es posible.

Cómo definir hábito y adicción

¿Cuál es la diferencia entre un mal hábito y una adicción? Puedes tener un patrón de comportamiento no saludable o una rutina que te moleste a ti o a quienes te rodeen, cosa que algunos llaman un mal hábito. Siempre llegas tarde y eso molesta a tus amigos. Te comes las uñas cuando estás nervioso. O tienes un problema con insultar a otros y quieres dejar de hacer eso de una vez por todas.

La palabra *adicción* se describe «como una compulsión recurrente, por parte de un individuo, de participar en alguna actividad específica, a pesar de las consecuencias dañinas, según lo juzguen los propios usuarios, su salud, su estado mental o su vida social».[1] Otra definición de abuso de sustancias indica que la adicción ocurre cuando «la dependencia está en un punto tal que detenerse es muy difícil; por lo que causa reacciones físicas y mentales severas por la abstinencia».[2]

Los efectos de una adicción pueden ser desgastantes y potencialmente letales, desde una resaca a problemas de salud persistentes, como enfermedades hepáticas o pulmonares. Las decisiones perjudiciales continuas desgastan física, emocional y espiritualmente. Los he visto dividir familias, destruir relaciones y poner a personas totalmente funcionales en prisiones físicas y emocionales.

¿Por qué estamos tan empeñados en destruirnos a nosotros mismos?

Excusas, excusas

Son muchas las razones por las que optamos por los malos hábitos o las adicciones dañinas, pero las principales pueden ser aliviar el dolor o producir placer. Estás deprimido, aburrido o sientes una gran presión de grupo. No estaba en tus planes ser adicto; pensaste que podrías detener tu comportamiento en cualquier momento. Tal vez estés pensando en este momento: *No es muy importante. Solo soy un ser humano. Todos lo hacen.* Por otro lado, puedes sinceramente querer hacer lo correcto, pero luego tus deseos te controlan. Te sientes atrapado en ese patrón.

Lo lamentable es que eso no es nada nuevo. El apóstol Pablo hace siglos, luchó con hacer lo correcto. Por eso pronunció este lamento en el libro de Romanos (los comentarios en cursiva son míos):

De hecho, no hago el bien que quiero, sino el mal que no quiero (7:19).

Me he sentido así a veces.

Y, si hago lo que no quiero, ya no soy yo quien lo hace, sino el pecado que habita en mí (7:20).

El pecado intenta dominarme y tomar el control. Eso explica mucho.

¡Soy un pobre miserable! ¿Quién me librará de este cuerpo mortal? (7:24).

¡Ya no quiero ser así! Necesito ayuda.

¡Gracias a Dios por medio de Jesucristo nuestro Señor! (7:25).

Ayúdame a vencer, Señor. Gracias por tu poder para hacer lo que yo no puedo.

Vacíos del corazón

Muchas veces las adicciones o los malos hábitos son intentos por llenar los vacíos de nuestros corazones, los espacios desocupados donde debería haber amor y aceptación, pero por cualquier razón no lo están. Intentamos llenar esos enormes agujeros con grandes cantidades de comida, alcohol o cualquier cosa que elijamos. Pero nunca nos sentimos saciados; el vacío interno permanece.

Tenemos necesidades reales que deben satisfacerse. Necesitamos comer para vivir; necesitamos amor, paz, comodidad y descanso. Pero cuando nos esforzamos por satisfacer las necesidades legítimas en formas no saludables y, en ocasiones, dañinas, pueden convertirse en pecado; son deseos enloquecidos. Cuando estamos tentados a tomar las cosas buenas que Dios creó más allá del límite de la voluntad suya:

- El descanso físico se convierte en pereza.
- El disfrute de la comida se convierte en glotonería.
- La capacidad para obtener ganancias se convierte en avaricia.
- La comunicación se convierte en chisme.
- La conciencia se convierte en perfeccionismo.
- La atención se convierte en miedo.[3]

Detener un mal hábito o una adicción puede parecer imposible. Es posible que hayas estado haciendo algo durante tanto tiempo que ya forme parte de ti. Pero puedes vencer y encontrar la victoria en esta área de tu vida extremadamente desafiante. Romper las cadenas que te atan es posible a través del poder sanador de Dios.

Libérate

Detener una adicción, incluso un mal hábito, puede ser extremadamente difícil puesto que eso quiere dominarnos o controlar nuestras vidas. ¿Quién o qué es tu maestro? ¿A quién seguirás? En 1 Corintios 6:12, el apóstol Pablo dice: «Todo me está permitido, pero no todo es para mi bien. Todo me está permitido, pero no dejaré que nada me domine». A menudo, debemos abordar el engaño que dice: «*Esto me hará feliz*; esto suplirá todas mis necesidades».

Hay una batalla dentro de cada uno de nosotros: una batalla interna entre la carne y el Espíritu, el Espíritu Santo de Dios. Tomamos decisiones para satisfacer al cuerpo (nuestra carne), que conducen a la miseria; o al Espíritu: decisiones que conducen a la vida y al fruto del Espíritu (amor, alegría, paz, paciencia, bondad, benignidad, etc.). Todo se reduce a esto: ¿Elegirás enfocarte en el Espíritu o en tus deseos humanos? El hecho es que no podemos vencer las adicciones simplemente apretando los dientes y esforzándonos un poco más. Necesitamos el poder de Dios en nuestro ser para tener la fuerza necesaria para vencer. Cuando no podemos, ¡Dios puede!

La libertad de tomar decisiones poco saludables viene cuando oramos y tomamos las medidas pertinentes. Pídele a Dios que te libere de ese hábito o adicción. Pídeles a otros que oren por ti, ¡necesitas refuerzos! «Estén alerta y oren para que no caigan en tentación. El espíritu está dispuesto, pero el cuerpo es débil» (Mateo 26:41). Pídele a Dios fortaleza y valor.

Mi tía abuela Cile superó su hábito de fumar que tuvo por cincuenta años mediante la oración. Ella decía que era un verdadero testimonio del poder de Dios porque había intentado dejar de fumar sin éxito durante años. Cile fue una gran fumadora de cigarrillos la mayor parte de su vida adulta y, a medida que se acercaba su octogésimo cumpleaños, se le diagnosticó un enfisema. Por meses, le pidió a Dios que la liberara de su adicción al tabaco, especialmente con su nuevo diagnóstico. Cuando Dios finalmente la liberó, Cile estaba maravillada; ella sabía que no podría haberlo hecho sola. Una vez limpia, ahorró el dinero que gastaba en cigarrillos cada mes y lo usó para comprar algo especial para ella o para invitar a sus sobrinas a almorzar y así celebrar su victoria.

Necesitamos creer que Dios tiene el poder y la voluntad de trabajar en nuestras vidas también, no solo en los conflictos de otras personas. El Salmo 77:14 dice: «Tú eres el Dios que realiza maravillas; el que despliega su poder entre los pueblos».

Es tiempo de cancelar los mensajes en tu cerebro que dicen que nunca saldrás del atolladero, que no puedes superar algo o que la victoria es para otras personas. Ahí es donde entra la renovación de tu mente, reemplazando las mentiras con las verdades eternas de Dios. «No se amolden al mundo actual, sino sean transformados mediante la renovación de su mente. Así podrán comprobar cuál es la voluntad de Dios, buena, agradable y perfecta» (Romanos 12:2).

Cuando Jesucristo vive en nosotros, nos capacita para detenernos, orar y elegir sabiamente en vez de actuar de acuerdo a nuestros sentimientos. Huye de la tentación, aléjate de la botella o de los chocolates adictivos. Puede ser difícil; puede ser frustrante. Puedes dar tres pasos hacia delante y dos hacia atrás, pero estás progresando. Puedes vivir en medio de las promesas inmutables de Dios para sanar y tener su ayuda. Dios también puede usar a otras personas para ayudarnos a sanar nuestros malos hábitos y adicciones, como un consejero cristiano que haya sido entrenado en el área de las adicciones. No tengas miedo de buscar un consejo sabio cuando lo necesites.

¿Qué vas a elegir?

En este momento estás en una encrucijada. Parado frente a dos caminos. Uno dice: «Sigue tu adicción o tu mal hábito», y el otro dice: «Sígueme. Te ayudaré a vencer».

Al hacer una buena elección, luego otra y otra más, llegas a una serie de decisiones correctas que conducen a un avance y al triunfo. Cuando se lo pides, el poder del Espíritu Santo hace lo que tú no puedes hacer: camina contigo a través del proceso de sanidad, rompe las pesadas cadenas que te mantienen cautivo, y te da la fuerza para dejar las cosas no saludables y para que le digas sí a la vida.

La libertad te está llamando. ¿Cómo responderás?

Lección que nos deja el escarabajo del pino montañés

En la última década, un problema entomológico en el oeste de Estados Unidos ha creado un peligro creciente en cuanto a los incendios forestales. Hectáreas de bosques de pinos verdes en Colorado y otros estados son ahora un paisaje rojizo y oxidado de árboles muertos debido a una contaminación voraz del escarabajo del pino montañés. Hasta la fecha, esos insectos han devorado millones de pinos pequeños a través de las Montañas Rocosas y los bosques se han quemado. Es sorprendente cómo esos pequeños insectos pueden causar una gran devastación. De la misma manera, nuestros malos hábitos o adicciones pueden comenzar con algunas pequeñas decisiones y propagarse, causando una destrucción incalculable en nuestras vidas y en las de quienes nos rodean. Positivo o negativo, lo que hacemos afecta a otros.

MENTE RENOVADA

«No se amolden al mundo actual, sino sean transformados mediante la renovación de su mente. Así podrán comprobar cuál es la voluntad de Dios, buena, agradable y perfecta».

ROMANOS 12:2

Señor, me he estado rebelando por un largo tiempo. Deseo cambiar. No quiero luchar más contra esto. Por favor, transforma mis malos hábitos. Puede que no lo haga de manera perfecta, pero estoy empezando por rendir mi adicción a ti. Ayúdame a estar consciente de lo que estoy usando para alimentar mi vida y mi mente. Lléname con tu poder para permanecer fuerte en este nuevo camino. Te lo pido en el poderoso nombre de Jesús. Amén.

FUERZA POR DEBILIDAD

Estén alerta y oren para que no caigan en tentación. El espíritu está dispuesto, pero el cuerpo es débil.

MATEO 26:41

Señor, necesito tu fuerza. Quiero hacer lo correcto, pero a veces estoy tan débil. ¡Digo que quiero cambiar y vuelvo a hacer lo que no quiero! Esto es muy frustrante. Oro en contra de todas esas tentaciones, creyendo que tienes el poder para resistir cualquier fuerza, incluso este hábito que ha estado en mi vida por tanto tiempo. Ayúdame. Te lo pido en el nombre de Jesús, amén.

Ayúdame a vencer

Cristo nos libertó para que vivamos en libertad. Por lo tanto, manténganse firmes y no se sometan nuevamente al yugo de esclavitud.

GÁLATAS 5:1

Señor, he estado atrapado por este hábito como en una prisión. ¡Ven y libérame! Quiero vivir bien, vivir a plenitud, limpio. A veces es una lucha muy dura. Pero sabes que mi corazón te ama, incluso cuando fallo. No quiero ser esclavo de mis vicios. Libérame, abre la puerta de esta prisión, y déjame caminar en libertad y paz. Sé que hay más en esta vida, y quiero encontrarlo y usar mi vida para servir a los demás y darte la gloria. Confío totalmente en ti. Lo pido en el nombre de Jesús, amén.

El poder de Dios

Tú eres el Dios que realiza maravillas;
el que despliega su poder entre los pueblos.

SALMOS 77:14

Señor, recuerdo los milagros que hiciste en el pasado. Dividiste el Mar Rojo para que la gente pudiera caminar en tierra firme. Sanaste al ciego e hiciste caminar al cojo. ¡Puedes hacer cualquier cosa! Necesito que hagas un milagro en mi vida. Y estoy creyendo en la sanidad y la libertad que me ofreces. Rompe las cadenas que me atan como lo has hecho antes con los demás. Líbrame. Te alabo. Gracias. En el santo nombre de Jesús, amén.

No puedo hacerlo con mis propias fuerzas

¿Tan torpes son? Después de haber comenzado con el Espíritu, ¿pretenden ahora perfeccionarse con esfuerzos humanos?

GÁLATAS 3:3

Señor, he intentado vencer este hábito y he fallado tantas veces que necesito tu poder para hacerlo. Al fin, estoy aprendiendo que no puedo hacerlo por mi propio esfuerzo. Necesito el poder del Espíritu Santo para cambiar. Perdóname por tomar decisiones tontas. Perdóname por ser egocéntrico y hacer de las personas o cosas que anhelo un ídolo cuando solo debería adorarte a ti, Señor. Perdóname. Te necesito y pido tu ayuda, espero que todo vaya mejor. En el nombre de Jesús. Amén.

Gracias por la liberación

¡Gracias a Dios por medio de Jesucristo nuestro Señor!

ROMANOS 7:25

Señor, estoy aprendiendo que siempre habrá luchas en la vida, pero que venceré a través de Jesús. ¡Tú me liberas! Gracias por morir en la cruz por mí. Tú derramaste tu sangre para pagar el precio de mis pecados y los del mundo entero. Moriste y resucitaste, victorioso, para que podamos ser vencedores. Estoy realmente agradecido. Tu fortaleza me da una esperanza real en cuanto a cambios duraderos en mi vida. En el nombre de Jesús. Amén.

14

Cuando lidies con el dolor y la pérdida

Oraciones por consuelo y esperanza

Señor, escucha mi oración, atiende a mi clamor; no cierres
tus oídos a mi llanto.

Salmos 39:12

La pérdida y la tragedia son dolores gemelos que Julia conoce muy bien.
Una mujer fuerte y competente, Julia es el tipo de persona altamente
enfocada que trabaja duro en su carrera y tiene un hogar hermoso y que
funciona bien. Su lema de «mantenerse activa» se combina con un corazón generoso y alentador. Pero esta mujer amorosa y capaz fue probada
en maneras que nunca podría haber imaginado.

Hace unos años, Julia perdió a su madre y a su hija pequeña en un
trágico accidente automovilístico en el que ella se rompió la pelvis. Su
esposo perdió el control del auto y chocó contra un árbol cuando sufrió un
ataque cerebral. Julia no pudo asistir al funeral de su hija porque estaba en
el hospital recuperándose de sus heridas, lo cual le dolió profundamente.
Pero una nota de consuelo en medio del dolor fue que, el día antes del
accidente, su niña había orado para aceptar a Jesucristo en su corazón en
la escuela bíblica de vacaciones.

Julia y su esposo sobrevivieron al trauma físico, pero las consecuencias emocionales han perdurado por años. Hoy, todavía se está recuperando del horrible día que cambió su vida para siempre. Aún va a terapia y a menudo tiene problemas para dormir. Si bien el dolor de sus pérdidas nunca puede desaparecer totalmente, estas se han reducido con el tiempo. Ahora, su enfoque es en lo que tiene por delante. Todos los días se levanta, se viste y busca alegrarles el día a los demás. La esperanza está despertando, como los primeros azafranes que brotan del suelo cubierto de nieve en primavera.

Las pérdidas afectan nuestras vidas en muchas maneras, ya sea a través del divorcio, la muerte o un sueño frustrado. Una mujer se entera de que nunca podrá tener hijos. El propietario de un negocio descubre que su socio lo ha engañado, por lo que ha sido aniquilado financieramente. La ejecución hipotecaria de la casa de tus sueños, los reveses financieros, una enfermedad o una lesión que te incapacitan. Todo eso puede ser devastador. El desastre cambia el paisaje de tu vida. Te paras en medio de los escombros y te preguntas cómo enfrentarás en algún momento esas pérdidas.

La historia de Nehemías

Recuperarse de la tragedia requiere tiempo, mucho tiempo. También demanda consuelo, apoyo y una gran dosis de oración.

Nehemías encontró ayuda y esperanza entre los escombros que lo retaban. Aunque vivió hace siglos, las lecciones de su vida todavía se aplican a nosotros. Como judío en una tierra extranjera, Nehemías trabajó para el rey de Persia. Cuando oyó noticias de que la ciudad de Jerusalén yacía en ruinas y sus muros habían sido derrumbados y quemados, Nehemías se sintió muy afligido y entristecido. Su corazón se quebrantó por su gente. En la antigüedad, las murallas de la ciudad eran esenciales para la seguridad y protección contra el peligro de todo tipo de enemigos.

Nehemías pidió a Dios en oración que le diera las palabras correctas para hablar con su jefe, un rey muy poderoso. Así que oró y ayunó. Adoró a Dios, pidió perdón y presentó su pedido al rey.

El humilde servidor encontró el favor. El rey no solo le dio permiso, sino que también le dio una garantía de paso seguro con papeles especiales y oficiales para que lo acompañaran. Además, recibió permiso para obtener madera del parque real, suministros para usar como vigas. Si se necesitaba valor para pedir permiso. Se necesitó aun más coraje para hacer el largo y arduo viaje, y reconstruir las murallas de la ciudad. Pero Nehemías estaba seguro de que Dios estaba con él.

Una vez en Jerusalén, Nehemías solicitó ayuda. La mayoría de los trabajadores voluntarios no eran hábiles como constructores de muros, pero se dedicaron a la reconstrucción y trabajaron con entusiasmo. Luego, agotados y frustrados, los constructores comenzaron a enfocarse más en los escombros a su alrededor que en el progreso que habían logrado. Nehemías 4:10 dice: «Mientras tanto, la gente en Judá dijo: La fuerza de los obreros está cediendo, y *hay tantos escombros* que no podemos reconstruir el muro» (énfasis agregado).

¿Alguna vez te has sentido así? Como si todo se estuviera derrumbando a tu derredor y los pedazos de tus problemas estuvieran a tus pies como los restos de un edificio derrumbado. Es demasiado. No puedes con eso. Simplemente estás abrumado.

Nehemías estaba constantemente en oración. Él y sus trabajadores voluntarios se reagruparon, trabajando arduamente por una causa en la que creían. Cuando la oposición de los funcionarios llegó, ellos oraron y pusieron guardias para mantenerse a salvo. Cuando llegaron noticias de inminentes ataques enemigos, oraron y protegieron la ciudad mientras seguían trabajando.

Por último, el muro fue reconstruido y la ciudad repoblada. El pueblo alabó a Dios por todo lo que había hecho por ellos. Después de todo lo que había sucedido, celebraron, como Nehemías le dijo al pueblo. «Ya pueden irse. Coman bien, tomen bebidas dulces y compartan su comida con quienes no tengan nada, porque este día ha sido consagrado a nuestro Señor. No estén tristes, pues el gozo del Señor es nuestra fortaleza» (Nehemías 8:10).

Reconstrucción después de la pérdida

Dios está en el trabajo de redimir la pérdida, el dolor y sanar heridas de todo tipo. Él es el Maestro de la reconstrucción, se trate de escombros en las calles de Jerusalén o de las ruinas de tu corazón.

Es posible que tratemos de manejar la tragedia y las emociones que siguen a continuación —tristeza, enojo, resentimiento o culpabilidad— en maneras no saludables. A veces no sabemos qué hacer, así que no hacemos nada y esperamos que algún día el dolor simplemente se vaya. Navegar por las extrañas y tormentosas aguas del dolor es difícil. Pero no imposible. El trayecto de la sanidad que todos recorremos es diferente. Tu sanidad puede tomar más tiempo que la mía. Dios puede usar diferentes métodos para llevarte de la tristeza a la alegría. Y eso está bien. Él es Dios. Él sabe lo que está haciendo. Simplemente necesitamos confiar en Él.

¿Cómo encuentras el camino a seguir a través del proceso del dolor? No importa en qué tipo de pérdida hayas incurrido, el ánimo y el apoyo son los primeros pasos. Pueden provenir del cálido abrazo de un amigo cercano, un oído atento o unas palabras amables. Necesitamos a nuestros amigos para que nos ayuden a recordar lo que ya sabemos o para no decir nada y simplemente estar allí con nosotros en medio del dolor.

Muchas personas encuentran apoyo en el alma a medida que escriben, plasmando sus oraciones o sus sentimientos en papel. La sanidad también viene a través del descanso o un cambio de escenario. La belleza de la naturaleza, la creación de Dios, es restauradora.

Saber que Dios está contigo y que es tu Consolador trae paz, como afirman las palabras de Mateo 5:4: «Dichosos los que lloran, porque serán consolados». La sanidad también llega cuando te despojas de tu angustia a través de tus lágrimas. Aférrate a las promesas de Dios, a la esperanza y entrégale tu dolor en oración.

En vez de mantener tus sentimientos ahogados dentro de ti, puede ser útil hablar sobre lo que sucedió con algún amigo que esté atento a ti, con algún familiar o con un consejero cristiano que pueda ayudarte a procesar el dolor. La pena sin procesar, ignorada o negada solo produce un mal mayor. Procesar el dolor trae liberación y alivio.

La adoración y la Palabra de Dios

Cuando te sientes sin esperanza, lo más poderoso que puedes hacer es adorar. La desesperación no tiene lugar donde residen la alabanza y la adoración. Puede que estés demasiado afligido para saber qué decir.

Pero puedes poner un disco con música de adoración o simplemente sentarte con los ojos cerrados y pedirle a Dios que sane tu corazón mientras descansas y te concentras en su extraordinario amor y su dulce consuelo.

Al darle nuestras alabanzas a Dios, Él nos llena de su presencia. Centrarnos en Él y en lo que ha hecho por nosotros nos lleva a un nuevo lugar. Dios es grande y es digno de nuestras alabanzas. Como la lluvia empapa el desierto y hace brotar flores en los cactus, la adoración y la oración traen renovación a un corazón marchito.

Dedicar tiempo a leer la Palabra de Dios también trae consuelo y esperanza. Ahora es el momento de descubrir más del tesoro que es la Palabra de Dios. Es tu comida espiritual, debe ser tu alimento todos los días, pero es crucial en tiempos de necesidad. «De hecho, todo lo que se escribió en el pasado se escribió para enseñarnos, a fin de que, alentados por las Escrituras, perseveremos en mantener nuestra esperanza» (Romanos 15:4). Abre la Biblia; hay esperanza adentro. El otro lado del dolor es la alegría; al otro lado de la oscuridad hay luz. Hay vida después de la pérdida.

En marzo de 2011, un tsunami causado por un terremoto de 8.9 grados de magnitud devastó el noreste de Japón. Provocó una destrucción generalizada y daños extensos a las ciudades costeras. El número oficial de muertos superó los nueve mil. El paisaje es ahora un mar de escombros; una comunidad que una vez fue próspera, ahora es un verdadero desierto.

Hace poco, vi un programa de televisión sobre ese desastre y un sobreviviente dijo: «Hay un tipo diferente de fortaleza que encuentras después que has sobrevivido a algo terrible». Las tragedias pueden deshacernos o también pueden hacernos más fuertes.

La vida puede ser un desafío para ti en este momento; puede que te preguntes si las cosas cambiarán en algún momento. Cobra ánimo. Incluso en los momentos más oscuros, la esperanza de Cristo brilla mucho más. Cuando eres débil, Él es tu gran consuelo. Cuando estás agotado, Él es tu fuerza, firme y segura. La Luz del mundo brilla como un faro en medio de la tormenta; un faro que te guiará a un puerto seguro.

La luz siempre supera a la oscuridad.

Lección que nos deja un árbol de secuoya

Los árboles de secuoyas en California tienen un secreto. Esos gigantes centenarios (treinta metros o más) tienen la capacidad única de resistir el fuego. Además de sus altas ramas y su densa corteza que proporciona protección, los árboles de secuoya carecen de una resina inflamable en su corteza (que la mayoría de los otros árboles tienen), lo que los hace casi ignífugos. Incluso si el calor de un incendio forestal se vuelve tan intenso que quema al árbol, las raíces con regularidad sobreviven porque están enterradas en el suelo fresco y húmedo. Y con el tiempo, comienzan a aparecer nuevos brotes. Triunfo después de la tragedia.

Puedes haber sufrido pérdidas indescriptibles; puedes sentir como que tu vida no va a ser la misma. Pero al igual que con las secuoyas, una nueva vida, una vida diferente, puede brotar de nuevo. Cuando vuelvas a las raíces de la verdad en tu vida, viene el retoñar. El corazón es sorprendentemente resistente. Recuerda, eres hijo de Dios. Él está contigo siempre. Dios te ama con amor eterno. Él es tu consuelo y resolverá todas las cosas para siempre. Confía en Dios para una nueva esperanza y completa sanidad.

SEÑOR, ESCUCHA MI CLAMOR

SEÑOR, escucha mi oración, atiende a mi clamor; no cierres tus oídos a mi llanto.

SALMOS 39:12

Señor, hoy vengo ante ti con tristeza. Tú conoces mi corazón; ves mis lágrimas y escuchas mis clamores de ayuda en este momento de adversidad. No puedo creer que esto haya sucedido. A veces estoy simplemente entumecido. Pero estás conmigo y eso hace toda la diferencia. No estoy solo. Señor, ayúdame en este tiempo de problemas. Sé que eres más fuerte que cualquier cosa que venga en mi contra, por eso confío en ti. Estoy apoyándome en ti, Señor. Oro, en el nombre de Jesús. Amén.

CUANDO NECESITO CONSUELO

Alabado sea el Dios… de toda consolación, quien nos consuela en todas nuestras tribulaciones para que, con el mismo consuelo que de Dios hemos recibido, también nosotros podamos consolar a todos los que sufren.

2 CORINTIOS 1:3-4

Señor, te necesito. Necesito un abrazo santo para consolar mi corazón adolorido. Permíteme descansar en la dulzura de tu presencia, un lugar de amor, aceptación y paz. Aunque la tormenta de dolor continúe, se tú el capitán en el viaje de regreso a la alegría. Con todo el consuelo y la seguridad que recibo de ti, algún día podré consolar a otros en su momento de necesidad. En el nombre de Jesús. Amén.

SANA MI CORAZÓN ROTO

Restaura a los de corazón quebrantado y cubre con vendas sus heridas.

SALMOS 147:3

Señor, estoy completamente desconsolado. Mi corazón se siente como si hubiera sido cortado en miles de trocitos, como vidrio molido en un piso de madera. ¿Cómo pudo pasar esto? Por favor, sana mi corazón herido y haz algo hermoso y digno de este desastre. Reconstrúyeme, Señor. Toma los pedazos del pasado y crea el mosaico más lindo de mi vida, ayúdame a confiar en ti. Permíteme darte toda la gloria por todo lo que haces conmigo, por sanarme y por ayudarme a ser de nuevo una persona íntegra. En el nombre de Jesús. Amén.

EL SEÑOR ESTÁ CONMIGO

Aun si voy por valles tenebrosos, no temo peligro alguno porque tú estás a mi lado; tu vara de pastor me reconforta.

SALMOS 23:4

Señor, últimamente he pasado por valles oscuros. Las sombras me atemorizan y la depresión parece que va a sucumbir sobre mí. Pero sé que si estás conmigo no necesito temer. Tu protección me rodea, tu consuelo me calma. Tú me brindas la fuerte seguridad de que, aunque hoy parezca oscuro, tengo la Luz del mundo —Jesucristo—, en quien puedo confiar. Me aferro a ti. En el nombre de Jesús. Amén.

SIEMBRA LÁGRIMAS, COSECHA ALEGRÍA

El que con lágrimas siembra, con regocijo cosecha. El que llorando esparce la semilla, cantando recoge sus gavillas.

SALMOS 126:5-6

Señor, te entrego las lágrimas producidas por el dolor y la tristeza. En lo que caen al suelo, ayúdame a recordar que este dolor no es en vano. ¡Algún día volveré a tener alegría! Que yo, al igual que el agricultor que siembra semillas y cosecha cargas de trigo, pueda recoger una cosecha de bendiciones, alegría y paz. Renueva en mí la fuerza y el valor mientras en ti espero. Ayúdame a encontrar alegría en cada día, agradecido por todo lo que has hecho por mí en el pasado y todo lo que estás haciendo en mi vida. Soy todo tuyo. En el nombre de Jesús. Amén.

LA PALABRA DE DIOS DA ESPERANZA

De hecho, todo lo que se escribió en el pasado se escribió para enseñarnos, a fin de que, alentados por las Escrituras, perseveremos en mantener nuestra esperanza.

ROMANOS 15:4

Señor, gracias por la Palabra de Dios en mi propio idioma, porque puedo leer por mí mismo lo que tienes que decirme. Tus palabras me enseñan a diario cosas nuevas. Abren mis ojos a una esperanza resplandeciente y me dan fuerzas para continuar cuando estoy sin ánimo y debilitado. En la Biblia encuentro valor cuando tengo miedo.

Tus palabras tienen poder porque eres Todopoderoso y te complaces en ayudar a tus hijos. Leo tus palabras y miro hacia ti, pidiéndote que sanes mi corazón y me ayudes a encontrar el camino a seguir. En el nombre de Jesús. Amén.

LA ALEGRÍA VENDRÁ DE NUEVO

Pondrá de nuevo risas en tu boca, y gritos de alegría en tus labios.

JOB 8:21

Señor, estoy aprendiendo que sanar un corazón roto y lastimado es un proceso. A medida que pasamos por este montón de escombros en mi vida, te pido que me des fuerzas para seguir. Ayúdame a no recrearme con el resentimiento, el miedo, la ira o la tristeza. Sé que necesito estar consciente de mis sentimientos, pero ayúdame a tener la esperanza de que me darás la fuerza para seguir adelante. Renuévame, Señor; realinea mi vida con tus buenos propósitos. Ayúdame a sentir de nuevo la alegría y la risa, a levantarme a una nueva esperanza. Lo pido en el nombre de Jesús, amén.

15

Cuando sea difícil esperar

Oraciones por paciencia y fortaleza

Yo, SEÑOR, espero en ti; tú, SEÑOR y Dios mío, serás quien
responda.

SALMOS 38:15

Hace once años, manejaba hacia Colorado Springs en una mañana soleada
de marzo. Estaba optimista. El viaje desde mi casa por medio oeste fue
placentero. Estaba lista para un cambio y no podía esperar para comenzar
mi sueño de convertirme en escritora. Desempaqué mis cajas, empecé un
nuevo trabajo y comencé a escribir en mi tiempo libre. Lo que no sabía
era que ese era el «momento de sembrar» en mi vida, no de «cosechar».
Pensé que mi sueño se haría realidad de inmediato, pero no fue así. Tenía
mucho que aprender sobre esperar y esperar bien.

En los años siguientes, planté semillas de fe, confiando en que Dios
haría crecer mis sueños. Asistí a conferencias para escritores, me uní a un
grupo de críticos y leí mucha información sobre cómo publicar libros.
Oraba a menudo, pidiéndole a Dios que bendijera el trabajo de mis manos
para llevar esperanza y aliento a los demás. Oraba y esperaba. Esperaba

y oraba. También obedecía, creyendo en Dios mientras enviaba cartas a los editores y tomaba medidas para hacer contactos.

Seis años después, recibí una llamada de un editor; estaba en camino a escribir mi primer libro. Las semillas comenzaron a brotar.

¿Qué estás esperando? ¿Un nuevo bebé, una mejor oportunidad laboral para salir a flote o una herida que debe sanar? Cuando somos jóvenes, no podemos esperar para crecer, y cuando crecemos, estamos constantemente mirando el siguiente capítulo de la vida. ¿Cuándo terminaré la escuela? ¿Casarme? ¿Tener hijos? ¿Encontrar un trabajo mejor? Siempre estamos esperando que algo suceda o que no suceda.

De hecho, somos una sociedad que aborrece el vacío. Queremos llenar la vida y obtener lo que queremos al instante. Tal vez sea el constante bombardeo de publicidad que pone ideas en nuestras cabezas, creando deseos que nunca antes tuvimos por querer más, mejor y más rápido. Tal vez veamos a otros que tienen lo que queremos y nos preguntemos cuándo será nuestro turno. De cualquier manera, la palabra esperar ha tenido una mala imagen. Por supuesto, es difícil esperar. Y sí, sería genial si las cosas sucedieran de acuerdo a nuestros planes. Pero hay fuerzas superiores en juego.

¿Qué tiene que decir Dios sobre la espera y cómo podemos aprender a hacerlo con un corazón alegre y una buena actitud?

Esperar puede ser un momento de preparación. Dios está preparando las cosas y capacitándonos para recibir sus bendiciones. Esperar nos refina; crea carácter y ejercita los músculos de la confianza para que cobren fuerza y firmeza. Dios se prepara y, además, termina lo que comienza. Por eso, solo porque haya un retraso no significa que el camino esté cerrado para siempre. Mientras esperes, ten gozo, paciencia y fe. «Alégrense en la esperanza, muestren paciencia en el sufrimiento, perseveren en la oración» (Romanos 12:12).

Oh, si fuera tan fácil. Cuando las cosas tardan mucho (a nuestro juicio), podemos comenzar a tomar las cosas en nuestras manos y tener el control. Pero cuando hacemos eso, hay consecuencias. Por ejemplo, si pones una torta en el horno y la quitas antes del momento adecuado, obtienes un desastre caliente y pegajoso. Si hubieras esperado, tendrías un pastel suculento y recién horneado. Esperar hace una gran diferencia.

Cuando las cosas parecen tomar demasiado tiempo, la tentación a controlar puede ser fuerte. Pero tenemos una elección: controlar o rendirnos. Podemos optar por quitar nuestras manos y permitir que Dios trabaje en nuestro nombre, confiando en que saldrá adelante. Eso requiere valor; se necesita fe. Por dicha, Dios es fiel. Cuando le pedimos que nos ayude en nuestras debilidades, nos da la fuerza para hacer las cosas difíciles. Vale la pena esperar por lo mejor que Dios tiene para nosotros.

Cuando Dios demora

Dado que Dios es Dios y nosotros no lo somos, con frecuencia es difícil entender su tiempo o sus caminos. Pero Él siempre tiene razones para sus retrasos, cuyos porqués desconocemos. En Juan 11, leemos acerca de una ocasión en la que Jesús se retrasó, pero cuyos resultados demostraron ser superiores a lo que nadie pudiera anticipar.

Cuando Jesús supo que el hermano de sus dos amigas, María y Marta, estaba enfermo, se quedó en la ciudad donde estaba dos días más. Los discípulos que le acompañaban probablemente sintieron curiosidad, porque sabían que Jesús amaba a sus amigos y que tenía poder para sanar. ¿Por qué, entonces, no fue a ellos? Sus seguidores no podrían haberse imaginado cómo utilizaría Dios ese retraso para mostrar su gloria de una manera tan sorprendente.

Por fin, Jesús y sus discípulos fueron a Betania. Cuando llegaron, Lázaro ya estaba muerto. Jesús habló con las hermanas y les preguntó dónde habían puesto el cuerpo. Le mostraron el lugar, una cueva con una piedra en la entrada. Jesús pidió que quitaran la piedra. Marta protestó al principio porque el cuerpo había estado allí durante cuatro días, y ya olía mal. Sin inmutarse, Jesús respondió: «¿No te dije que si crees, verás la gloria de Dios?» (Juan 11:40). Lo que sucedió después estremeció tanto a la gente, que todavía estamos hablando de ese acontecimiento:

> Entonces quitaron la piedra. Jesús, alzando la vista, dijo:
> —Padre, te doy gracias porque me has escuchado. Ya sabía yo que siempre me escuchas, pero lo dije por la gente que está aquí presente, para que crean que tú me enviaste.

Dicho esto, gritó con todas sus fuerzas:

—¡Lázaro, sal fuera!

El muerto salió, con vendas en las manos y en los pies, y el rostro cubierto con un sudario.

—Quítenle las vendas y dejen que se vaya —les dijo Jesús.

JUAN 11:41-44

Ya no estaba muerto, ¡su hermano ahora estaba completamente vivo! Jesús pudo haber sanado al hombre, pero la demora le dio mayor gloria a Dios cuando Lázaro volvió a la vida.

Cómo esperar bien

Ya sea que estés esperando un cheque por correo o una respuesta del consultorio de tu médico, esperar es parte de la vida. Por tanto, ¿cómo puedes aprender a esperar bien?

Ten certeza en cuanto a quien esperas. La parte activa de la espera es aprender a confiar en Dios, confiar completamente en el hecho de que Él hará por ti lo que anhelas. No es la respuesta, la cosa o la persona a la que esperas; es el Señor en quien esperas para liberarte. De cualquier otro modo, te decepcionarías.

Aguarda con esperanza. Puedes elegir qué actitud vas asumir: enojarte, tener fe o esperar con confianza. Pídele a Dios que te ayude con su perspectiva. Pídele paciencia y paz. En lo que esperas, Dios está forjando en ti fuerza, valor y resistencia. «Espero al SEÑOR, lo espero con toda el alma; en su palabra he puesto mi esperanza» (Salmos 130:5).

Ora y obedece. Esperar no es pasar un momento sin hacer nada. Es un tiempo para orar y actuar, para encargarse de los asuntos del Padre. No tienes que mantener todas tus emociones adentro; expresa tu decepción y tus frustraciones con el Señor mientras oras. Habla franca y sinceramente. Y sigue su ejemplo. Aguardamos con esperanza, creyendo aun cuando no podamos ver.

Ríndete y espera. Valora en qué punto del proceso estás. Los pequeños comienzos pueden producir grandes resultados cuando entregas tu voluntad, tus esperanzas y tus sueños a la voluntad de Dios. Despójate de tus miedos y de tu necesidad de controlar el resultado. Cuando *sueltes* eso a lo que te aferras con tanta fuerza, *agárrate* de la esperanza que tienes en Cristo, el único que nunca te dejará ir.

Recuerda lo que Dios hizo por ti. La paz llega y el miedo disminuye a medida que reflexionas en el pasado y vez lo que Dios ha hecho por aquellos personajes de la Biblia, por otros y por ti. Recuérdate a ti mismo que Dios ha trabajado, está trabajando y continuará trabajando. El Salmo 68:28 dice: «Despliega tu poder, oh Dios; haz gala, oh Dios, de tu poder, que has manifestado en favor nuestro».

Vive el presente. ¿Dónde está tu enfoque? ¿Estás tan concentrado en el futuro que estás perdiendo el enfoque de lo que sucede hoy? Ten esperanza en el futuro, pero mantén tus ojos en lo que estás haciendo y en quién te estás convirtiendo en el presente.

Cuando llega el momento

Rachel es una madre soltera con unos gemelos pequeños. Además, es una drogadicta rehabilitada. Por muchos años quiso tener su propia casa y proporcionarles una vida estable a sus hijos. Pero el sueño parecía completamente inalcanzable.

Estuvo viendo por unos meses un programa televisivo que brindaba oportunidades a personas que nunca habían tenido casa para que tuvieran una. Así que presentó un escrito en línea al programa de televisión, contando la historia de su rehabilitación y su anhelo de brindar una vida mejor a sus hijos. Cuando presionó el botón en el teclado de la computadora para enviar el mensaje, oró y le dijo a Dios que confiaría en Él cualquiera fuera la respuesta. Además, oraba para que Dios proveyera para su familia.

Pronto Rachel tuvo buenas noticias. ¡Se había ganado la casa! Estaba completamente amoblada, con el pago inicial y la hipoteca del primer año pagados en su totalidad. Rachel dijo que eso cambió la vida de su familia en muchas maneras positivas. Para su sorpresa, la agradecida madre también se ganó un auto nuevo al año siguiente. Rachel estaba abrumada y agradecida por la asombrosa provisión de Dios.

Eclesiastés 3:11 declara: «Todo lo hizo hermoso a su tiempo». Las cosas suceden en el tiempo de Dios. Las ráfagas de nieve invernal se convierten en fragantes flores de primavera. Tu bebé nace. Al fin él te hace la proposición de matrimonio. Tu esposo regresa del servicio militar. Obtienes el trabajo que estabas esperando. Algún día llegará.

En la pausa de espera, recuerda que esta temporada no durará para siempre. Algún día las cosas mejorarán, ya sea en esta vida o en la siguiente. Entre tanto, ten valor. Ten fe. Dios tiene el control y su tiempo es perfecto. Es posible que no siempre sepamos los motivos de la demora o que nos agrade, pero podemos confiar en que Dios está trabajando poniendo todas las cosas en su lugar para nuestro bien y para su gloria. Quita las manos, deja el control y confía en Dios. «El que los llama es fiel, y así lo hará» (1 Tesalonicenses 5:24).

Lección que nos deja la planta de bambú

Las plantas de bambú crecen muy alto, pero antes se desarrollan extensamente en las profundidades. Cuando plantas una semilla de bambú, parece como que nada estuviera sucediendo, en absoluto, hasta cuatro años más tarde. Al fin, en el quinto año, la planta de bambú alcanza los veinticuatro metros. Un crecimiento tan asombroso no hubiera sido posible sin el extenso sistema de raíces creado durante esos primeros años formativos, un fuerte apoyo para mantener el crecimiento que se avecina. No te rindas solo porque no veas ningún movimiento en tu vida. Dios está en el trabajo, siempre laborando, tras escenario. Ten fe. El tiempo de Dios es perfecto, en su creación y en tu vida.

AGUARDA CON ESPERANZA

Y así, después de esperar con paciencia, Abraham recibió lo que se le había prometido.

HEBREOS 6:15

Señor, he estado esperando mucho tiempo. Me canso y me pregunto si las cosas cambiarán para mí. Abraham fue un hombre que esperó décadas para recibir lo que le fue prometido. Le dijiste que su esposa le daría un hijo, aun en sus años de vejez. Y la promesa se cumplió. Ayúdame a tener fe en que cuidarás de mis necesidades como lo hiciste con los padres de nuestra fe. Puse mi esperanza en ti, amándote Dios. En el nombre de Jesús. Amén.

ESPERA EN DIOS, NO EN PERSONAS O COSAS

Espero al SEÑOR, lo espero con toda el alma; en su palabra he puesto mi esperanza.

SALMOS 130:5

Señor, a veces pierdo el enfoque y pongo mi esperanza en lo que quiero: una relación, una casa, un trabajo u otra cosa. Si solo tuviera eso, sería feliz. Pero necesito aprender a esperar por ti, no por lo que anhele ni por la persona que desee. Enséñame a esperar por ti, a ver como tú, con firmeza y enfoque. Prometes cuidarme, por eso confiaré en que lo harás. Pido lo mejor en esta situación. Ayúdame a esperar bien. En el nombre de Jesús. Amén.

CONFÍO, AUNQUE NO ENTIENDA

Porque mis pensamientos no son los de ustedes, ni sus caminos son los míos —afirma el SEÑOR.

ISAÍAS 55:8

Señor, me sorprendes. Muchas veces creo que sé lo que quiero o necesito, pero tú lo sabes mejor. Tus pensamientos no son como los míos, lo cual es muy bueno. Tú los conoces. Y necesito confiar en ti aun cuando quiero tener las cosas a mi manera. Agradezco que veas el cuadro completo; con tu vista aguda, me proteges de cosas que ni siquiera sé que vendrán. Me guías, me diriges y me mantienes en el buen camino. ¡Gracias! Ayúdame a confiar en tus métodos aunque no los entienda. Lo pido en el nombre de Jesús, amén.

EL TIEMPO PERFECTO DE DIOS

Dios hizo todo hermoso en su momento.

ECLESIASTÉS 3:11

Señor, necesito paciencia para confiar en tu tiempo perfecto. Por favor, dame paz y resistencia mientras espero lo mejor para mí en esta situación. Necesito recordar que, en tu tiempo, las cosas maduran y están listas. No quiero agarrar este sueño demasiado pronto y arruinarlo, como comerme un plátano verde y luego tener dolor de estómago. Necesito valor para esperar. Me rindo a tu tiempo, sabiendo que en el momento correcto, las cosas serán hermosas, buenas y correctas. Ayúdame a confiar en eso. En el poderoso nombre de Jesús. Amén.

NO PIERDAS EL ÁNIMO

Por tanto, no nos desanimamos. Al contrario, aunque por fuera nos vamos desgastando, por dentro nos vamos renovando día tras día. Pues los sufrimientos ligeros y efímeros que ahora padecemos producen una gloria eterna que vale muchísimo más que todo sufrimiento. Así que no nos fijamos en lo visible, sino en lo invisible, ya que lo que se ve es pasajero, mientras que lo que no se ve es eterno.

2 CORINTIOS 4:16-18

Señor, no sé si puedo seguir haciendo esto. Creo que he estado esperando por siempre. He perdido mi confianza y necesito encontrar esperanza nuevamente. ¿Me ayudarás? He estado mirando por todas partes, a personas, cosas y circunstancias, en vez de mirar hacia adelante. Ayúdame a ver con nuevos ojos, sé que tienes más, infinitamente más, para mí. Renuévame, Señor. Te lo pido en el nombre de Jesús, amén.

CONFÍA EN LA FIDELIDAD DE DIOS

El que los llama es fiel, y así lo hará.

1 TESALONICENSES 5:24

Señor, quiero creer que tus palabras son verdaderas, no solo con los demás, sino conmigo también. Intenté y no pude hacer que las cosas sucedieran por mi cuenta. Seguí adelante y tomé el asunto en mis propias manos cuando dijiste: «Espera». Perdóname. Oro y confío en que vendrás porque eres un Dios fiel. Tú haces las promesas y las cumples. Dijiste que lo harías, por eso confío en que has de hacerlo. Dame valor para esperar en tu voluntad, en tu camino y en tu tiempo. Lo pido en el nombre de Jesús, amén.

EL SEÑOR ES MI FUERZA

El SEÑOR es mi fuerza y mi escudo;
* mi corazón en él confía; de él recibo ayuda.*
Mi corazón salta de alegría,
* y con cánticos le daré gracias.*

SALMOS 28:7

Señor, en este momento de espera, estoy feliz porque sé que eres mi fortaleza. Tú eres mi protección, y en quien puedo confiar por completo. ¡Gracias! Enséñame a esperar con alegría y esperanza. Dame paz, confío en tu tiempo perfecto. Ayúdame a pasar más tiempo alabándote que quejándome. Tú eres mi fuente de alegría. Decido alabarte. Sé mi fortaleza. En el poderoso nombre de Jesús. Amén.

DIOS HARÁ ALGO NUEVO

¡Voy a hacer algo nuevo! Ya está sucediendo, ¿no se dan cuenta?
Estoy abriendo un camino en el desierto, y ríos en lugares
desolados.

ISAÍAS 43:19

Señor, ha pasado mucho tiempo y todavía estoy esperando que mi situación cambie. Siento que mi respuesta ha sido bloqueada. Por favor, elimina los obstáculos que me impiden realizar este sueño. Ayúdame a seguir adelante, suceda esto o no. Me reconforta saber que puedes hacer cualquier cosa. Eres poderoso y santo, majestuoso y poderoso, pero también afectuoso y compasivo con tus hijos. Hoy, necesito un milagro. Por favor, abre un camino aunque parezca que no hay forma de que las cosas cambien. Pongo mi confianza en ti. Te lo pido, creyendo en el nombre de Jesús. Amén.

16

Cuando te sientas lejos de Dios

Oraciones por más cercanía a Dios

Pido también que les sean iluminados los ojos del corazón
para que sepan a qué esperanza él los ha llamado.

EFESIOS 1:18

Jim fue criado en un hogar cristiano por unos padres que amaban a Dios y los llevaban a él y a sus hermanos a la iglesia todos los domingos. Incluso fue a escuchar a Billy Graham cuando el evangelista llegó a su ciudad natal. Pero la semilla de la Palabra de Dios nunca echó raíces profundas y sólidas en su vida, y hoy Jim es un hombre apartado de Dios. Todavía asiste a la iglesia de vez en cuando, pero la modalidad de su religión se parece más a una visita a la cafetería. Escoge lo que le conviene creer como algunas personas eligen un pastel.

Él es lo que algunos llaman un *pródigo*, una persona que es osada y muy extravagante. Es posible que hayas oído hablar de otro hijo pródigo, el de la historia bíblica en Lucas 15. Un hombre que tenía dos hijos. El menor de ellos le pidió su parte de la herencia (lo cual es como que les pidieras a tus padres que te den tu herencia antes de que fallezcan, lo cual no es bien visto). Así que se fue de casa a un país lejano y desperdició todo su dinero en una vida desordenada. Cuando los recursos se le agotaron, hubo una gran hambruna. Como estaba hambriento, consiguió un trabajo alimentando cerdos. Pero aun en esa situación nadie le daba alimento.

Un día tuvo una idea. Volvería a casa y, aunque había herido y perjudicado a su padre, le pediría que le permitiera ser como uno de los empleados. Al menos de esa manera, tendría comida todos los días. Confesaría todo lo que había hecho mal y, de ahí en adelante, viviría como un sirviente. Entonces se levantó e inició el regreso a su ciudad natal.

Y, aunque no lo creas, cuando el hijo estaba, todavía muy lejos, su padre corrió hacia él, lo envolvió en un abrazo y lo besó. El papá debe haber estado esperando todos los días por su hijo.

La parte asombrosa de este relato es ver la reacción del padre cuando salió al encuentro de su hijo. El joven debe haberse sorprendido cuando su padre lo trató con amabilidad y no lo despreció. El padre dijo: «¡Rápido! Traigan el mejor vestido y vístanlo. Pongan un anillo en su dedo y sandalias en sus pies. Maten el ternero engordado, y hagamos un banquete y celebremos. Porque este hijo mío estaba muerto y ahora vive de nuevo; estaba perdido y ha regresado» (Lucas 15:22-24).

¡Qué clase de reacción! Pura bondad. Sorprendente. Misericordia abundante. Un corazón comprensivo. ¿Sabías que Dios el Padre es así? Él no te condena. No te grita ni te recuerda todo lo que has hecho mal. Él es un Dios de justicia, su corazón se desgarra cuando hacemos mal, pero también es un Dios de profunda misericordia, que acoge a sus hijos e hijas rebeldes.

¿Conoces a alguien que se haya desviado de la fe? ¿Tú —alguien que es importante para ti—, un hijo pródigo? O tal vez nunca has conocido a Dios el Padre. De cualquier manera, puedes venir a casa. El Dios de la gracia te está esperando.

Tal vez no sientas que eres un pródigo como tal. Nunca huiste ni viviste en forma desordenada. Pero no te sientes tan cerca de Dios como quisieras. Tienes una vida muy ocupada. O por alguna razón desconocida, la relación más importante de tu vida se te escapó. La gracia y una relación más conectada con Dios te están esperando también.

Lección que nos dejan las cataratas

Las cataratas son hermosas. La más alta del mundo, el Salto Ángel —en Venezuela—, se alza majestuosa a novecientos setenta y nueve metros. Algunas cascadas caen sobre formaciones rocosas escalonadas y dentadas, creando fascinantes y hermosos patrones a medida que el agua cae a la tierra. Otras caen en grandes corrientes de agua. Pueden ser una vista relajante y tranquila o, como las Cataratas del Niágara, una fuente de energía. No importa cuál sea su entorno o ubicación, la mayoría de las cascadas tienen un manantial en las cabeceras de donde salen y un flujo continuo. Cuando nos sentimos perdidos o lejos de Dios, podemos volver a la fuente, a ese lugar de partida: Dios Todopoderoso, de quien fluye todo lo demás. Él es la cabecera de nuestras vidas, el origen de la vida natural y espiritual. Cuando nos introducimos en su fluir, nos proporciona el poder que necesitamos para vivir. De Él, como fuente, recibimos un flujo continuo de amor, gracia y misericordia que nunca se detiene. El agua viva de Dios nos refresca y, con ese refrigerio, podemos alimentar a quienes nos rodean, trayendo esperanza y belleza a un mundo sediento.

ORACIÓN POR LA SALVACIÓN

Que, si confiesas con tu boca que Jesús es el Señor y crees en tu corazón que Dios lo levantó de entre los muertos, serás salvo.

ROMANOS 10:9

Señor, te necesito. Te pido perdón por mis costumbres pecaminosas y egoístas. He estado equivocado, lo lamento. Creo que Jesucristo es el Hijo de Dios y que lo resucitaste de entre los muertos para que yo pudiera vivir. A Él fue lo partieron para que yo pudiera ser completo. ¡Gracias por ese extraordinario regalo! Gracias por tu amor. Te pido que entres a mi corazón para que pueda salvarme y vivir para siempre, perdonado y libre. Te amo. Te acepto. En el nombre de Jesús. Amén.

CELEBRO MI SALVACIÓN

Por lo tanto, si alguno está en Cristo, es una nueva creación. ¡Lo viejo ha pasado, ha llegado ya lo nuevo!

2 CORINTIOS 5:17

Señor, gracias por el regalo de mi salvación. Quiero festejar todo lo que has hecho para llevarme de la oscuridad a tu luz. Soy salvo por gracia, por tu misericordia, no por obra de mis manos. ¡Gracias! Ahora los ángeles en el cielo se regocijan porque te he aceptado. Agradezco que lo viejo se haya ido y lo nuevo haya llegado. Empodérame y aliéntame en esta nueva vida, la mejor vida, mientras busco conocerte más y servirte con alegría. En el nombre de Jesús. Amén.

ORACIÓN POR UN PRÓDIGO

Los que conocen tu nombre confían en ti, porque tú, oh SEÑOR, no abandonas a los que te buscan.

SALMOS 9:10, NTV

Señor, tú conoces mi corazón. Ves el dolor que tengo porque hay una persona que me interesa pero no te conoce o se ha alejado de ti. Sin embargo, tú no pierdes la esperanza; nunca abandonas a nadie. Como un buen Pastor, vas por la oveja perdida y traes a la que se ha desviado. Devuélveme a mi ser querido que está perdido. Te lo pido en el poderoso nombre de Jesús. Amén.

QUIERO ACERCARME MÁS A TI SEÑOR

Acérquense a Dios, y él se acercará a ustedes.

SANTIAGO 4:8

Señor, a veces me siento muy lejos de ti. Sé que no necesito vivir de acuerdo a mis sentimientos; la verdad es que siempre estás junto a mí. Tu presencia está conmigo. Sin embargo, anhelo más cercanía.

Decido acercarme. Opto por ponerte en primer lugar y buscarte. Tu Palabra dice que cuando te busque, te encontraré; si lo hago con todo mi corazón. Así que aquí estoy, creyendo, a pesar de mis miedos, dudas y fracasos. En el nombre de Jesús. Amén.

PODER PARA CAMBIAR

Tuyos son, SEÑOR, la grandeza y el poder, la gloria, la victoria y la majestad. Tuyo es todo cuanto hay en el cielo y en la tierra. Tuyo también es el reino, y tú estás por encima de todo.

1 CRÓNICAS 29:11

Señor, necesito ayuda. Quiero cambiar, pero no ha sido fácil. Así que vengo antes de que te pida cualquier cosa y te alabe. Tú eres el gran y poderoso Dios. Sigues haciendo milagros. Tú puedes hacer cualquier cosa. Y todo te pertenece. Te alabo no solo para obtener algo de ti, sino porque eres digno. Entrego mis necesidades en tus manos. Y te alabo pese a lo que resulte. En el nombre de Jesús. Amén.

ENCUÉNTRAME, SEÑOR

Me buscarán y me encontrarán cuando me busquen de todo corazón.

JEREMÍAS 29:13-14

Señor, he estado lejos de ti y no sabes cuánto lo siento. No sé cómo sucedió esto. Pero algo dentro de mí ha cambiado. Te extraño, como un amigo que ha estado fuera por mucho tiempo. Dices que si te busco, te encontraré. Así que aquí estoy, buscando, escudriñando y caminando a tu manera. Déjame sentir de nuevo la paz en la comodidad de tu presencia. Lo pido en el nombre de Jesús, amén.

¿DÓNDE SE ENCUENTRA LA PAZ?

Que gobierne en sus corazones la paz de Cristo… Y sean agradecidos.

COLOSENSES 3:15

Señor, todos están buscando la paz. Tenemos corazones ansiosos y, a menudo, buscamos en lugares equivocados lo que solo tú puedes dar: la paz que es real y duradera. Que la paz de Dios descanse en mí, serena y tranquila. Y, Señor, en los días en que mi familia no está tranquila, que conserve la paz en mi interior. Agradezco mucho este regalo de gozo perdurable. Gracias. En el nombre de Jesús. Amén.

RENUEVA MI MENTE

No se amolden al mundo actual, sino sean transformados mediante la renovación de su mente. Así podrán comprobar cuál es la voluntad de Dios, buena, agradable y perfecta.

ROMANOS 12:2

Señor, no he estado en un buen lugar en los últimos tiempos. Necesito conocerte más. Quiero conocerte por lo que realmente eres, no por lo que pensaba que eras. El mundo intenta engañarme con mentiras respecto a que esto o aquello me hará feliz, pero eso no me da gozo perdurable. Quiero paz, alegría verdadera y perdón total. Renueva mi mente; cámbiame, Señor. Lo pido en el nombre de Jesús, amén.

17

Cuando tengas problemas de salud

Oraciones por sanidad

Dame alivio cuando esté angustiado, apiádate de mí y escucha
mi oración.

Salmos 4:1

Todos conocemos a alguien que necesita ser sano de una enfermedad,
lesión u otro tipo de problema de salud. Es posible que lo necesitemos
nosotros mismos. ¿Cómo podemos orar de manera más efectiva, aun
cuando tengamos dolor o sufrimiento?

Lisa fue diagnosticada con artritis reumatoidea a los veinticuatro años
y ha vivido con ella por más de dieciocho años. Todo sucedió de repente;
en una semana pasó de ser una joven perfectamente sana a otra que apenas
puede abrir la puerta de un automóvil o cruzar una habitación. Sus pies se
atrofiaron, sus hombros se están desintegrando y, como si fuera poco, ha
tenido cuatro cirugías en las manos. Afortunadamente, los medicamentos
han ayudado a retrasar la evolución de la enfermedad, pero nunca ha
experimentado remisión o un día sin dolor en alguna parte de su cuerpo.

Al principio, Lisa se sintió instada a comunicarse con personas con
enfermedades crónicas. Ella siempre sintió que Dios tenía un plan con

su dolor. Hoy, como fundadora y directora de la fundación Rest Ministries (www.rest ministertries.com), un ministerio sin fines de lucro para personas con enfermedades crónicas, está ayudando —a través de este ministerio— a miles de personas que se sienten confundidas, solas o aisladas. «Me encantaría tener algunos días sin dolor —dice Lisa— y, sin embargo, cada dolor que tengo tiene un propósito, por lo que para mi consuelo puedo rendir mis propios deseos a Dios». Su oración es: «Señor, usa mi dolor; ¡no permitas que esto sea en vano!»

Su actitud me sorprende puesto que brinda esperanza, aliento y recursos útiles a los necesitados, estando en su condición. Ella anima a los demás en vez de lamentarse por las oraciones sin respuesta. Su misión es compartir lo que ha aprendido en su sufrimiento. Ella le dice a la gente que Dios no los ha olvidado y que Él ofrece fortaleza en la debilidad. Ella habla sobre la importancia de adorar a Dios por lo que es, no lo que puede *hacer* por uno.

Cambiamos de perspectiva cuando nos damos cuenta de la manera en que Dios obra a través de nuestro sufrimiento, no solo después del sufrimiento. Lisa le pide fortaleza a Dios, que disminuya su dolor o que le dé la capacidad de hacer algo especial, como llevar a su hijo a comprar la ropa de la escuela o salir de viaje. Ella ha orado, pidiéndole a Dios que reduzca la evolución de la enfermedad, que la ayude a encontrar los medicamentos adecuados, que la ayude a sentirse lo suficientemente bien como para ser madre y poder disfrutar de la vida. Ciertos días esas oraciones son respondidas; muchas veces no lo son.

Lisa expresa con franca honestidad: «El dolor puede cautivar cada pensamiento y cada emoción; puede llevarnos a un pozo de desesperación». Pero si estamos dispuestos a dar el paso de buscar a Dios en medio de ese dolor —continúa—, podemos decirle: «Señor, no tengo nada más que dar, pero soy tuyo. Estoy totalmente a tu merced». Y en medio de nuestra situación, podemos cultivar una intimidad con el Señor que nunca hubiéramos soñado, una mayor cercanía con Dios a causa del dolor físico.

Vive por encima del sufrimiento aunque estés en medio de él

Ezequías fue un rey que vivió hace mucho tiempo. Siendo el soberano de Judá, enfermó y estuvo a punto de morir. Pero, entonces, oró:

«Recuerda, SEÑOR, que yo me he conducido delante de ti con lealtad y con un corazón íntegro, y que he hecho lo que te agrada. Y Ezequías lloró amargamente» (Isaías 38:3).

Dios escuchó sus oraciones, vio sus lágrimas y respondió. El profeta Isaías fue quien pronunció las buenas nuevas de que Dios agregaría quince años más a la vida del rey (Isaías 38:4-5).

En el Nuevo Testamento, leemos muchos versículos sobre las sanidades y los milagros que Jesús realizó entre los enfermos y necesitados de su época. Mateo 9:1-8 cuenta la historia de un hombre paralítico al que Jesús sanó. Le dio no solo la capacidad de caminar nuevamente sino también algo que no esperaba: perdonó sus pecados.

El poder de Dios se vio manifestado cuando Jesús sanó a los ciegos para que pudieran ver (Mateo 21:14). Imagina que nunca pudieras ver la belleza de la creación de Dios o el rostro de un ser querido. La restauración de la vista es un regalo maravilloso. Las multitudes acudieron al Hijo de Dios, por lo que Jesús tuvo compasión de ellos y sanó a los enfermos (ver Mateo 14:14). Toma tu Biblia, busca algunos versos sobre sanidad y restauración, y ora por tu situación.

Consideremos algunas cosas a continuación, al orar por salud física y emocional:

Pide por lo que necesites. ¿Necesitas dinero para pagar facturas médicas? ¿Necesitas fuerza para levantarte de la cama todos los días? Pídele todo eso a Dios en oración. Mantente expectante y ten una actitud positiva. No sabes cómo responderá Dios ni cuándo. Pero siempre puedes tener esperanza; esperanza en el Señor, no en tus circunstancias.

Cuando acudimos a Dios en oración, debemos pedir todo en el nombre de Jesús (Juan 14:13); apóyate en el Señor, no en tu entendimiento (Proverbios 3:5-6); ora para que se haga la voluntad de Dios (Mateo 6:10); y pídelo de acuerdo a su voluntad (1 Juan 5:14).

Desarrolla una gran fe. ¿Cómo podemos fortalecer nuestra fe en Dios? Saturándonos de la Palabra de Dios, leyendo la Biblia, meditando en ella y escuchándola una y otra vez; así se alimenta nuestra fe. Saturar significa empaparse o inundarse con la Palabra de Dios. No significa rociar algunas gotas aquí y allá. Eso sería como poner una cucharadita de gasolina en tu automóvil y preguntarte por qué no funciona. Debes llenar todo el tanque para que el automóvil funcione como estaba previsto. Ora y pide a Dios que fortalezca tu fe.

Ten paciencia. La sanación puede venir de inmediato, pero la mayoría de las veces lleva tiempo. Necesitamos recordar que el tiempo de Dios no es como el nuestro. Para algunos, la sanidad puede no ocurrir en esta vida. Ahí es donde entra la esperanza, la esperanza de que algún día el dolor y el sufrimiento terminen. Mientras tanto, pregúntale a Dios qué quiere que aprendas de esa enfermedad o esa herida. Busca un propósito de vida todos los días a pesar del dolor o las limitaciones, y te encontrarás acercándote a Dios en maneras inesperadas y gloriosas.

Vive en el misterio. ¿Qué pasa cuando oramos y la sanidad no llega? Podemos pensar: *Si Dios me ama y se preocupa por mí, ¿por qué no me quita este dolor? ¿Por qué no me sana?* Estas son preguntas válidas.

Vivimos en el misterio de que Dios es más sabio que nosotros. Él sabe lo que está haciendo y, un día, cuando estemos con Él, ya sea aquí en la tierra o en el cielo, estaremos libres de todo dolor y sufrimiento por siempre. Hoy, no sabemos la respuesta, pero elegimos seguir confiando. «Confía en el Señor de todo corazón, y no en tu propia inteligencia. Reconócelo en todos tus caminos, y él allanará tus sendas. No seas sabio en tu propia opinión; más bien, teme al Señor y huye del mal. Esto infundirá salud a tu cuerpo y fortalecerá tu ser» (Proverbios 3:5-8).

Vivimos en un mundo fracturado y caído. Podemos, como dice mi amiga Judy, que es capellana de un hospicio, «vivir por *encima* del sufrimiento mientras *estamos en* él». Vivimos por encima de nuestro dolor cuando, antes que todo, vemos a Cristo. Vivimos más allá del sufrimiento cuando encontramos aliento diario en la Palabra y las distracciones cotidianas mantienen nuestra mente aparte de nuestra situación. Distracciones como contemplar la belleza de la creación de Dios, por ejemplo: ver la gloria de Dios en una puesta de sol con el océano como marco; una mamá venado y sus pequeños en el jardín de enfrente o una nevada sobre los pinares. «Vivimos por encima del dolor del momento, cuando tenemos la esperanza de que algún día Dios arreglará todas las cosas», dice Judy.

Ya sea una dolencia física o emocional, sabemos que —como un amigo me dijo recientemente—: «Dios no causa dificultades. Él está con nosotros en las dificultades». El carácter se desarrolla en la adversidad, por lo que nos estamos formando diariamente a la imagen de Cristo. En lo personal, estoy agradecida por todo lo que Dios ha hecho y está haciendo con respecto a mi salud y mi sanidad. Debido al dolor pasado, me siento más agradecida cuando tengo días sin dolor. No supongo que tendré una buena noche de sueño. Aprecio mi salud mucho más.

Confía en Dios pese a lo que suceda

Después de que le diagnosticaron insuficiencia renal, Ava se preguntó: «¿Puedo confiar y amar a Dios incluso en los tiempos malos?» Tuvo varios meses practicándose diálisis y su padre le extendió la vida al donarle un riñón por medio de un trasplante. A través de esa prueba, Ava aprendió que podía amar y confiar en que su Padre celestial le proveería y cuidaría de ella; fue fiel y misericordioso tal como lo había prometido.

Trece años, más tarde, podemos ver a Ava sentada en la oficina del médico tratando de entender la noticia de que ahora tiene un tumor y debe ser extirpado (además de tener que practicarle una histerectomía total). El tumor podría ser maligno, pero los médicos no están seguros; lo sabrán después de la cirugía. Ava no quería aceptar ni creer que el tumor era maligno. Tenía muchos amigos orando por su sanidad. Pero después de la cirugía se enteró de que, de hecho, el tumor era maligno. Era cáncer de útero en etapa cuatro, una enfermedad muy agresiva que requería un tratamiento muy violento. Nuevamente, se encontró preguntándose, si podía confiar en Dios en medio de otra crisis de salud.

Durante las dificultades de la quimioterapia y la radiación, Ava escuchaba, una y otra vez, música con letras que le recordaban que —pese al resultado—, el Señor estaría con ella. Unas veces cantaba a pleno pulmón; otras, lloraba tanto que no podía pronunciar una palabra.

A pesar de sus circunstancias desafiantes, Dios le proporcionó cuidado a Ava a través de su familia, sus amigos, sus compañeros de trabajo e incluso extraños. ¡Tenía demasiadas bendiciones que contar! Aunque sus problemas de salud persistían, ella dice que no tiene que preguntar el porqué de la situación; ella sabe que Dios es fiel y misericordioso. Podemos confiar en Él y amarlo, pase lo que pase.

En este mundo, tendremos sufrimientos, molestias y dolores. Yo, por mi parte, voy a seguir adelante y voy a orar. Voy a perseverar, pedir, buscar y llamar a la puerta de quien más me ama. ¿Quién sabe qué hará el Señor? Mientras oras por tus problemas de salud, en medio del sufrimiento, puedes descubrir una esperanza audaz y una fe inquebrantable.

Lección que nos deja un hermoso jardín

Imagina que entre el cielo perfectamente azul, el sol cálido brilla sobre tu rostro. La deliciosa fragancia de las rosas recién abiertas flota a tu alrededor mientras te sientas en medio de los colores vibrantes y el verdor de un hermoso jardín. Por otra parte, las investigaciones han demostrado que «simplemente pasear por un jardín o, de hecho, ver uno desde un ventanal, puede disminuir la presión arterial, reducir el estrés y aliviar el dolor».[1]

Lo curioso es que el artículo también afirma que «los hospitales, los centros de rehabilitación y los hogares de ancianos están cada vez más equipados con jardines "curativos" o "terapéuticos", donde los pacientes y el personal pueden alejarse de un entorno estéril y cerrado. Muchos también ofrecen a los pacientes la oportunidad de ensuciarse las manos y de que sus mentes participen en las labores de mantenimiento de las plantas».[2]

Durante siglos, la gente ha visto el placer de la jardinería como un pasatiempo relajante. Y por una buena razón. Ver la belleza de la naturaleza que Dios creó nos ayuda a calmarnos, reponernos y sanar.

CUANDO ESTOY ADOLORIDO

Tenme compasión, SEÑOR, porque desfallezco; sáname, SEÑOR, que un frío de muerte recorre mis huesos. ¡Apártense de mí, todos los malhechores, que el SEÑOR ha escuchado mi llanto! El SEÑOR ha escuchado mis ruegos; el SEÑOR ha tomado en cuenta mi oración.

SALMOS 6:2, 8-9

Señor, te necesito. Tengo mucho dolor. Sé que escuchas mis oraciones y ves mis lágrimas. Necesito que tus amorosos brazos consoladores me rodeen en este momento. Señor, ayúdame a superar esta situación. Por favor, quítame el dolor o dame la fuerza para soportarlo. Oro por sabiduría para los doctores, de modo que me ayuden a encontrar alivio. Ayúdame a tener fe y a seguir creyendo en medio de este dolor. Creo que vendrás por mí; ayúdame a seguir adelante. En el nombre de Jesús. Amén.

JESÚS SANA A LOS ENFERMOS

Cuando Jesús desembarcó y vio a tanta gente, tuvo compasión de ellos y sanó a los que estaban enfermos.

MATEO 14:14

Señor, gracias por tu compasión por los enfermos. Hoy, necesito un toque sanador en mi cuerpo. Por favor, ven a mí, sana mis heridas y mis dolencias. Libérame del sufrimiento. Necesito alivio y que te encargues de mis circunstancias. Te alabo, te adoro. Acompáñame en este momento difícil y dame paz. En el nombre de Jesús. Amén.

QUIERO SER UNA PERSONA MÁS SANA

Pero para ustedes que temen mi nombre, se levantará el sol de justicia trayendo en sus rayos salud. Y ustedes saldrán saltando como becerros recién alimentados.

MALAQUÍAS 4:2

Señor, anhelo ser una persona más saludable. Física, emocional y espiritualmente, necesito tu sanidad y tu limpieza en mi vida. Tú eres el Sanador ayer, hoy y siempre. He leído historias en tu Palabra acerca de cómo sanaste, con tu poder, a los enfermos, los ciegos y los cojos. Les diste salud y perdón de pecados. Te lo pido creyendo que lo harás. Por favor, Señor, sáname. Ayúdame a confiar en tu actuar, en tu tiempo y en los resultados para que pueda glorificarte con mi vida. En el nombre de Jesús. Amén.

NECESITO DINERO PARA LAS FACTURAS MÉDICAS

Así que mi Dios les proveerá de todo lo que necesiten, conforme a las gloriosas riquezas que tiene en Cristo Jesús.

FILIPENSES 4:19

Señor, vengo ante ti desesperado y agradecido. Es una combinación extraña, pero sabes que necesito dinero para pagar estas crecientes facturas médicas; te agradezco porque suples mi necesidad. No sé cuándo ni cómo, pero en tu divina providencia y soberanía, te pido que me proveas de maneras que ni siquiera puedo imaginar. Tú eres la Fuente, y confío en ti, Señor. Pido una provisión. En el nombre de Jesús. Amén.

SUFRIMIENTO Y GLORIA FUTURA

De hecho, considero que en nada se comparan los sufrimientos actuales con la gloria que habrá de revelarse en nosotros.

ROMANOS 8:18

Señor, te pido en el poderoso nombre de Jesús que me sanes. Quita mi sufrimiento. Y, en medio de mis circunstancias, ayúdame a recordar que todo este dolor no es en vano porque un día tu gloria se revelará en mí, en el cielo: un lugar sin lágrimas ni dolor, un lugar de extrema alegría. ¡Te veré cara a cara! Hoy, las cosas son desafiantes; un día no lo serán. Ayúdame a aferrarme a la esperanza mientras confío en ti. En el nombre de Jesús. Amén.

SEÑOR, RENUEVA MIS FUERZAS

Pero los que confían en el SEÑOR renovarán sus fuerzas;
volarán como las águilas: correrán y no se fatigarán, caminarán
y no se cansarán.

ISAÍAS 40:31

Señor, mi fuerza se desvanece y mi esperanza se agota; por favor, ven y ayúdame. Quiero hacer y ser mucho más en esta vida, pero mis problemas de salud me atan cuando quiero volar como el águila. Mi esperanza está en ti, mi Sanador, mi Restaurador. Muéstrame cómo caminar en esta vida, ya sea que encuentre sanidad o no. Dame propósito, pasión y la capacidad para vivir con la menor cantidad de dolor posible. En el nombre de Jesús. Amén.

SALUD RESTAURADA

SEÑOR mi Dios, te pedí ayuda
y me sanaste.
Tú, SEÑOR, me sacaste del sepulcro;
me hiciste revivir de entre los muertos.

SALMOS 30:2-3

¡Señor, gracias por sanarme! Estoy muy agradecido. No sé por qué decidiste sanarme mientras otros aún sufren, nadie lo sabe. Pero sí sé que eres el Dios santo que sana. Y quiero darte un sincero agradecimiento. Permíteme vivir sabiamente, confiando y dependiendo de ti. Tú eres a quien alabo. En el nombre de Jesús. Amén.

18

Cuando tengas problemas de trabajo o con la profesión

Oración por dirección

Hagan lo que hagan, trabajen de buena gana, como para el Señor y no como para nadie en este mundo

COLOSENSES 3:23

Los despidos tomaron a todos por sorpresa en nuestra compañía. Un viernes por la mañana del verano pasado, la directora me llamó a su oficina. Me dijo que nuestra compañía matriz estaba haciendo despidos a nivel nacional y que habían eliminado mi posición. Tenía unas horas para terminar las tareas pendientes y para recoger mis cosas.

Por desdicha, no era la única. Se estaban produciendo recortes de posiciones, reducciones de personal, despidos y cierres de negocios en todo el país. Tal vez esa situación te resulte familiar o conozcas a alguien que pasó por lo mismo. En los últimos años, la economía ha sido como una montaña rusa, que sube y baja con giros inesperados. No solo en los Estados Unidos sino en todo el mundo, los trabajadores en oficios y carreras de todo tipo han conocido la incertidumbre y la pérdida.

Tal vez tus temporadas difíciles en el trabajo sean diferentes. Hay una persona que realmente te molesta, pero tienes que trabajar muy de cerca con ella. O tu jefe no te está tratando bien. Podría ser que simplemente no ganas suficiente dinero y no tienes perspectivas de otro trabajo. O puedes estar comenzando un nuevo trabajo o abriendo un nuevo negocio, y necesitas oración para combatir el miedo y encontrar fuerza y éxito en tu nueva oportunidad.

En tiempos inciertos, ¿qué haces con tus emociones? ¿Cómo manejas el estrés cuando hay tanto que hacer y el tiempo nunca es suficiente? Si sientes el peso aplastante de un trabajo exigente, ora. Si estás desempleado, ora. Lo que sea que estés enfrentando en tu trabajo o tu carrera, habla con Dios al respecto en oración. La esperanza está aquí y la ayuda está a solo una oración de distancia.

Oraciones poderosas

La oración no es una fórmula mágica para obtener lo que queremos. No tenemos que decir las cosas a la perfección o en un cierto orden. En cambio, Dios nos pide que creamos, que creamos en Él y que tengamos fe en que será mayor que nuestras circunstancias. Unas veces tenemos que esperar; otras, necesitamos tomar medidas. En la espera o en la actividad, el Espíritu Santo de Dios nos da el poder para poner en práctica la Palabra de Dios. Él nos permite tener discernimiento, coraje y fortaleza para mantenernos fuertes en medio de los tiempos difíciles. Él aumenta nuestra fe cuando le pedimos y decidimos creer.

Pregúntale a Dios qué tiene para ti. Por ejemplo, si estás desempleado, intenta considerar eso como una «reasignación». Tienes una nueva tarea en este lugar, con estas personas, en este momento. Todo podría cambiar mañana, pero ¿cómo quiere Dios que le sirvas mejor hoy?

Dile que quieres ser un hombre o una mujer de excelencia en tu lugar de trabajo y pídele que te provea información, buenas ideas y resistencia para hacer tu labor de manera eficiente y eficaz. Por ejemplo, Kelly y otro empleado de su tienda oran semanalmente con el propietario y le piden a Dios que bendiga su negocio con nuevos clientes, y Dios lo ha hecho.

La oración es una conversación, hablar y escuchar al Señor. No tiene que ser un deber; puede ser un deleite a medida que conoces más completamente a aquel con quien hablas. Él te ama y te acepta. Él escucha y se interesa. Él quiere lo mejor para ti, para que puedas hablar franca y honestamente desde tu corazón. En tu tiempo de oración, considera lo siguiente:

¿Qué amas de Dios? Alábalo.
¿Por qué estás agradecido? Dale gracias a Él.
¿De qué estás arrepentido? Confiésale a Él tus pecados.
¿Qué necesitas? Pídele.

Las oraciones poderosas no necesariamente tienen que ser largas y complicadas, pero deben ser hechas con un corazón sincero y honesto, dirigidas al todopoderoso Dios que tiene la capacidad, los recursos y el deseo de ayudarte. Una oración efectiva puede ser simple. El predicador y erudito George A. Buttrick dijo una vez: «La oración es escuchar y hablar, preguntar y recibir; y su estado de ánimo más profundo es la amistad, celebrada en reverencia».[1]

Tu «hora feliz», tu tiempo a solas con Dios, puede ser un momento sagrado y de conexión a medida que lo vas conociendo más. Al pasar tiempo con Dios, conocerás en mayor profundidad sus maravillas, lo adorarás en su majestad y aceptarás su amor sin fin. Aunque queremos respuestas, Dios quiere que —antes de todo— nos despojemos y nos conectemos con Él mediante una relación íntima. La vida está destinada a ser disfrutada, no simplemente soportada. Al orar por tu vida laboral o tu ministerio, recuerda también la importancia del descanso y la recreación. La diversión y el juego, la aventura y la exploración pueden revigorizarte, de modo que al regreso, te ayude a ser más efectivo en tu vida laboral puesto que has sido renovado.

¿Te sientes sin rumbo? ¿Buscas más significado y propósito en tu llamado? Habla con Dios y cree que te proveerá. Él sabe por qué estás aquí, aun cuando tú no lo sepas. Él te creó con una mente para pensar y razonar, con destrezas y habilidades, y con pasiones y deseos. Dios también quiere que cumplas los deseos y llamados de tu corazón. No importa tu edad, nunca es demasiado tarde para comenzar de nuevo.

Proverbios 19:21 dice: «El corazón humano genera muchos proyectos, pero al final prevalecen los designios del SEÑOR». Un día, tal vez pronto, las cosas cambiarán. Ora con esperanza creyendo que Dios tiene el control. Y mantén tus ojos abiertos para recibir respuesta a tu oración.

Lección que nos deja el gorrión

Enfrentas una situación en el trabajo. Difícil. Y te está molestando. Y te preguntas si a Dios realmente le interesa tu vida laboral. Tal vez pienses que está demasiado ocupado salvando al mundo como para preocuparse por el compañero de trabajo que te está volviendo loco o por tu gran carga de trabajo. De hecho, el que te creó se preocupa profundamente por tus días y tus fines de semana. Mateo 6:26 nos recuerda: «Fíjense en las aves del cielo: no siembran ni cosechan ni almacenan en graneros; sin embargo, el Padre celestial las alimenta. ¿No valen ustedes mucho más que ellas»? Si Dios provee para las aves de los cielos, e incluso se ocupa del gorrión más pequeño, también proporcionará mucho más para cada uno de nosotros.

CONFÍO MI VIDA LABORAL A DIOS

Pon en manos del SEÑOR todas tus obras, y tus proyectos se cumplirán.

PROVERBIOS 16:3

Señor, gracias por mi trabajo. Tú eres el que abre puertas y ofrece oportunidades, y estoy agradecido. Refréscame y vivifícame con tu poder y tu energía para que haga lo que debo hacer hoy. Dame buenas ideas y ayúdame a tener el favor de mis compañeros de trabajo y de nuestros clientes, aquellos a quienes servimos todos los días. Te encomiendo este trabajo y te pido que bendigas la labor de mis manos para tu gloria. En el nombre de Jesús. Amén.

¿QUÉ DEBO HACER CON MI VIDA?

Dios el SEÑOR tomó al hombre y lo puso en el jardín del Edén
para que lo cultivara y lo cuidara.

GÉNESIS 2:15

Señor, necesito dirección. No sé qué camino tomar, qué trabajo es el adecuado para mí. Hace mucho tiempo, creaste al primer hombre, Adán, que fue el primer jardinero. Él alimentó y cuidó las plantas y las flores. ¿Con qué me has equipado? ¿Cómo puedo servirte mejor con mis dones y talentos? Descubre los tesoros que tienes en mí y hazlos florecer para que sean una bendición en mi vida y en la de aquellos a quienes serviré. Gracias porque tienes un plan para mi vida. En el nombre de Jesús. Amén.

SEAMOS LUZ EN EL LUGAR DE TRABAJO

Ustedes son la luz del mundo. Una ciudad en lo alto de una
colina no puede esconderse. Ni se enciende una lámpara para
cubrirla con un cajón. Por el contrario, se pone en la repisa para
que alumbre a todos los que están en la casa. Hagan brillar su
luz delante de todos, para que ellos puedan ver las buenas obras
de ustedes y alaben al Padre que está en el cielo.

MATEO 5:14-16

Señor, quiero ser una luz resplandeciente en mi lugar de trabajo. Ayúdame a ser una persona que trabaje bien y se lleve bien con los demás, alguien que también motive y aliente a otros. A veces algunas personas intentan apagar la luz en mi vida con críticas, chismes o celos. Que tu luz fuerte y verdadera brille aún más en mí, porque la luz siempre supera a la oscuridad. Permite que ellos puedan ver a Cristo en mí. En el nombre de Jesús. Amén.

AYUDA PARA LLEVARSE BIEN CON LOS DEMÁS

*Dios, que es justo, pagará con sufrimiento a quienes los hacen
sufrir a ustedes.*

2 TESALONICENSES 1:6

Señor, necesito ayuda. A veces simplemente no entiendo a otras personas. Pueden ser tan mezquinos. Chismorrean y hacen cosas que realmente me molestan. Por favor, ayúdame a llevarme bien con mis compañeros de trabajo. Muéstrame lo que tengo que hacer de manera diferente para que podamos tener un ambiente laboral más pacífico. Aunque somos diferentes, ayúdanos a respetarnos incluso cuando no estemos de acuerdo. Te lo pido en el nombre de Jesús, amén.

CUANDO MI TRABAJO ES ESTRESANTE

*Nos vemos atribulados en todo, pero no abatidos; perplejos,
pero no desesperados.*

2 CORINTIOS 4:8

Señor, no sé si podré manejar el estrés de este trabajo por mucho más tiempo. Siempre hay mucho que hacer y nunca el tiempo es suficiente. Por favor, ¿podrías ayudarme? No quiero vivir de esta manera. Pero también sé que los trabajos buenos son difíciles de encontrar. Y, sin embargo, a pesar de todo eso, sé que eres más grande que mi situación. Eres más fuerte. Por favor, muéstrame si debería quedarme y ayúdame a tener energías para cumplir con mi responsabilidad. O muéstrame si tienes una nueva posición para mí, por favor; si es así, ábreme las puertas. Lo pido, creyendo en el nombre de Jesús. Amén.

CUANDO ESTOY DESEMPLEADO

*Estoy convencido de esto: el que comenzó tan buena obra en
ustedes la irá perfeccionando hasta el día de Cristo Jesús.*

FILIPENSES 1:6

Señor, necesito un trabajo. Necesito ayuda con las finanzas. Me atemoriza desconocer de dónde vendrá el dinero y me temo que no tengo suficientes recursos. Sé que este no es el final. No me trajiste hasta aquí para dejarme solo. Tú has prometido que terminas lo que empiezas, en el mundo y en mi vida. Aumenta mi fe y mi confianza de que has comenzado un buen trabajo en mí y que llevarás a cabo tus planes en mi vida. Estoy apoyado en ti Jesús, aferrado a ti. En el nombre de Jesús. Amén.

TRABAJA SIRVIENDO A DIOS, NO A LOS HOMBRES

Hagan lo que hagan, trabajen de buena gana, como para el Señor y no como para nadie en este mundo, conscientes de que el Señor los recompensará con la herencia. Ustedes sirven a Cristo el Señor.

COLOSENSES 3:23-24

Señor, ayúdame a recordar —a medida que avanzo en mi día laboral— que es a ti a quien sirvo y no a los hombres. Haré todo lo posible por dar un buen entrenamiento, lucharé por la excelencia y le daré a mi jefe el debido respeto. Pero, a fin de cuentas, trabajo para ti, a quien sirvo y quiero agradar. Corro en esta carrera de la vida, con los ojos puestos en el premio, apoyándome en ti. Ayúdame, Señor. En el nombre de Jesús. Amén.

19

Cuando tengas problemas relacionales

Oraciones por sabiduría

Vivan en armonía los unos con los otros.

Romanos 12:16

Chloe y Jason se anotaron en las listas de espera de dos agencias de adopción y estuvieron esperando casi cinco años (por un niño de la India y una niña de China). Chloe esperaba ansiosa los días en que viajaría con su esposo a ambos países para recoger a sus nuevos hijos. Se imaginaba esas dos fechas especiales en las que tendría a cada uno de esos preciosos niños en sus brazos por primera vez. Los anhelaba y anticipaba esos momentos.

Sin embargo, justo antes de que se prepararan para viajar, Chloe se dio cuenta de que estaba embarazada. Fue una bendición de Dios, de hecho, pero estaba demasiado enferma para viajar y decepcionada de que no podría vivir su aventura de recoger a sus hijos.

Por dicha, la familia de su esposo se unió a ellos tras ese giro inesperado de los acontecimientos. El padre de Jason fue con él a China para recoger a su nueva hija y su hermano viajó con él a la India para conseguir a su nuevo hijo. Toda su familia extendida estaba muy emocionada con las dos adopciones en ese nuevo camino. Todos querían fotos de los niños recién adoptados y no podían esperar a escuchar las últimas noticias sobre cada aventura. Se desarrolló un vínculo especial entre su hija china y su abuelo, que probablemente no habría sucedido si él no hubiera viajado a China para buscarla con Jason. El niño también tiene un vínculo especial con su abuela debido al tiempo que pasó con ella cuando llegó a Estados Unidos. De manera extraña, Chloe está agradecida por no haber podido viajar a China ni a India. A veces, dice ella, nuestras oraciones sin respuesta nos llevan más cerca de lo que realmente necesitamos. En medio de un momento difícil, Dios reveló el poder de la comunidad, la familia y cuánto realmente nos necesitamos los unos a los otros.

Creados para relacionarnos

Fuimos creados para tener relaciones de todo tipo: con la familia, los amigos, los compañeros de trabajo, los vecinos y muchos otros. Todos los días entramos en contacto con personas, desde el repartidor de pizzas hasta la recepcionista en el trabajo. Vemos personas en la iglesia, en los grupos sociales o en actividades comunitarias.

Unas veces las interacciones son agradables; otras, surgen malentendidos y estrés. El hecho es que donde hay relaciones, es probable que haya conflicto. ¿Cómo manejamos esos tiempos difíciles? ¿Cómo aprendemos a llevarnos bien, a construir conexiones más profundas, a superar los desafíos de la vida y a encontrar esperanza? ¿Cómo podemos apreciar lo que tenemos, servirnos unos a otros en amor y estar agradecidos?

No importa cuál sea la relación o conexión, ni la desconexión, hay esperanza de sanidad cuando acudimos a Dios en oración.

Cuando tenemos una relación correcta con Dios, nuestra conexión principal y más importante, ayuda a mejorar nuestras relaciones con los demás. Cuando oramos, Dios puede capacitarnos para hablar palabras amables y tratar a los demás con amor y respeto. Las palabras son poderosas; ellas pueden bendecir o lastimar a las personas.

Ámense unos a otros

La Biblia no tiene una sección de «cómo tratar bien a las personas», pero a través de toda ella, Dios nos revela cómo actuar unos con otros en todo tipo de relaciones. Efesios 4:32 nos recuerda que seamos amables y compasivos, y que nos perdonemos los unos a los otros. Primera de Pedro 3:8 nos amonesta a ser comprensivos y humildes. A continuación tenemos otros pasajes de la Biblia que nos dicen cómo vivir sabiamente y bien en el contexto de las relaciones:

«Vivan en armonía los unos con los otros» (Romanos 12:16).
«Por tanto, dejemos de juzgarnos unos a otros» (Romanos 14:13).
«Ámense de todo corazón los unos a los otros» (1 Pedro 1:22).
«Por tanto, acéptense mutuamente, así como Cristo los aceptó» (Romanos 15:7).
«Por eso, anímense y edifíquense unos a otros» (1 Tesalonicenses 5:11).

¿Es similar a una orden difícil de ejecutar? Por nuestra propia fuerza, sí. Pero si oramos, Dios puede capacitarnos para hacer lo que no podemos por nuestra cuenta.

De todas las relaciones que tenemos en la vida, la que tenemos con Dios es la más importante. Y la forma en que nos conectamos con Él es a través de la oración, la alabanza y la adoración. Es una relación que mantendremos por el resto de nuestras vidas, y más allá. La oración es una asociación; somos las manos y los pies para cumplir los propósitos de Dios.

Un fuerte fundamento espiritual se crea mediante la oración constante y, especialmente en tiempos difíciles, nos ayuda a mantenernos firmes. La vida llena de oración es poderosa; es una vida entregada (una muerte continua a sí mismo y que surge para seguir los caminos de Dios); y es una vida llena de gozo.

No importa las dificultades que tu relación tenga, Dios te ayudará a superarlas cuando pongas tu esperanza en Él.

Lección que nos dejan las olas del mar

Caminar por la arena de la playa es el pasatiempo favorito de muchas personas. Les encanta caminar descalzos y sentir el agua pasar por sus pies mientras las olas del mar van y vienen. Es interesante observar cómo esas olas saben cuándo detenerse. Llegan a la playa y se retiran. De hecho, Dios las diseñó de esa manera. «Solo hasta aquí puedes llegar; de aquí no pasarán tus orgullosas olas» (Job 38:11).

Sin embargo, ten cuidado con las ráfagas de viento, porque este terreno tan bello pronto puede convertirse en un lugar de destrucción. Con unos pocos vientos huracanados, se forman gigantescas olas con una potencia y una fuerza tremendas. En vez de desplazarse suavemente a lo largo de la costa, unas olas más grandes y estrepitosas pueden causar daños a los ecosistemas y a las comunidades a lo largo de la costa. En la naturaleza como en las relaciones, necesitamos límites. De lo contrario, puede haber mucho daño.

Algunas personas son como las grandes olas; chocan (o intentan colisionar) con el paisaje de tu corazón con palabras o acciones dañinas. Como una marea destructiva, causan estragos en la vida de todos los que se cruzan en su camino. Pero el amor necesita límites; esa es la verdadera libertad. ¿Conoces tus límites, los límites emocionales y físicos de lo que aceptarás y no aceptarás de los demás? ¿Lo harán ellos?

CUANDO HE OFENDIDO A OTROS

Examíname, oh Dios, y sondea mi corazón; ponme a prueba y sondea mis pensamientos. Fíjate si voy por mal camino, y guíame por el camino eterno.

SALMOS 139:23-24

Señor, vengo delante de ti. Estoy enfrentando un momento difícil con una relación. Sin embargo, antes de que te pida que cambies eso, tengo que probar mi propio corazón. ¿Hay algo que estoy haciendo mal? ¿Hay algo que haya hecho que sea ofensivo y dañe la situación? Recuérdame cómo puedo cambiar y ser diferente. Señor, perdóname. Ayúdame a estar bien contigo y con esta otra persona. Pido sanidad en nuestra relación. Valoro la relación y necesito tu ayuda. En el nombre de Jesús. Amén.

ACEPTA A LOS DEMÁS

Por tanto, acéptense mutuamente, así como Cristo los aceptó a
ustedes para gloria de Dios.

ROMANOS 15:7

Señor, toda la gente es muy diferente. Algunas personas tienen estilos de vida o toman decisiones que contrastan con los míos. Y, sin embargo, me instas a aceptarlos tal como son. No siempre tengo que concordar con ellos ni coincidir con sus decisiones; sin embargo, oro para que me des un corazón comprensivo, aun cuando no entienda. Me has aceptado; ayúdame a aceptar a los demás para darte la gloria. En el nombre de Jesús. Amén.

AMOR EN ACCIÓN

Queridos hijos, no amemos con palabras o palabras, sino con
acciones y en verdad.

1 JUAN 3:18

Señor, enséñame todo acerca del amor para poder ser una persona más amorosa. Me dices que el amor no solo se expresa con palabras sino también con lo que hago; mis acciones tienen valor. Ayúdame a decir palabras amables y alentadoras. Haz que mis acciones reflejen amor. Quiero tener una vida de amor, que la modele a otros y también la reciba a cambio. Lo pido en el nombre de Jesús, amén.

CÓMO HONRAR A MIS PADRES

«Honra a tu padre y a tu madre —que es el primer
mandamiento con promesa— para que te vaya bien y disfrutes
de una larga vida en la tierra».

EFESIOS 6:2-3

Señor, gracias por mis padres. Nos llevemos bien o no, ayúdame a honrarlos con mis palabras y mis acciones. Prometiste que si respetamos y honramos a los que nos dieron la vida, nos irá bien. Muéstrame la mejor manera de honrar a mis padres con amabilidad y verdad, aunque se trate de una llamada telefónica, una breve nota o una visita. Decido obedecerte. Enséñanos a amarnos los unos a los otros de manera que cada uno pueda recibir bendiciones y ser bendecido. En el nombre de Jesús. Amén.

ORACIÓN POR LOS SOLTEROS

Confía en el SEÑOR de todo corazón, y no en tu propia inteligencia. Reconócelo en todos tus caminos, y él allanará tus sendas.

PROVERBIOS 3:5-6

Señor, te ruego por una buena actitud y discernimiento, en esta etapa de mi vida y siempre. Que me des gozo para continuar en el camino que tienes para mí. Si tienes a alguien con quien me pueda casar, muéstrame tu voluntad con claridad, y muéstraselo a esa persona. Dame paz mientras espero por tu tiempo para conectar nuestras vidas como esposo y esposa. Te entrego mis deseos. Protégeme de las relaciones poco saludables y guárdame para lo mejor. Mantén a mi futuro cónyuge a tu cuidado. Ya sea que me case un día o permanezca soltera, dame valor para confiar en ti con todo mi corazón. Ayúdame a aprovechar todo lo que tienes para mí en esta vida. En el nombre de Jesús. Amén.

ORACIÓN POR EL MATRIMONIO

Por tanto, imiten a Dios, como hijos muy amados, y lleven una vida de amor, así como Cristo nos amó y se entregó por nosotros como ofrenda y sacrificio fragante para Dios.

EFESIOS 5:1-2

Señor, te pido que bendigas nuestro matrimonio en el nombre de Jesús. Ayúdanos a caminar en la senda del amor. Que podamos tener afecto y respeto mutuo, dándonos tiempo y atención de manera que la otra persona pueda recibir ese amor y ese respeto. Enséñanos a comunicarnos bien. Ayúdanos a equilibrar el trabajo y las responsabilidades familiares. Mantén fuerte nuestra pasión y cuida de ambos. Danos paciencia para respetar nuestras diferencias, y cuando surjan conflictos o tiempos difíciles, ayúdanos a permanecer conectados y a perdonar fácilmente. Que nos centremos en ti, Señor; que ambos sigamos escogiéndote todos los días y elijándonos el uno al otro. Bendice nuestro amor, Señor. En el nombre de Jesús. Amén.

Oración por la familia

Por lo tanto, como escogidos de Dios, santos y amados, revístanse de afecto entrañable y de bondad, humildad, amabilidad y paciencia, de modo que se toleren unos a otros y se perdonen si alguno tiene queja contra otro. Así como el Señor los perdonó, perdonen también ustedes. Por encima de todo, vístanse de amor, que es el vínculo perfecto.

COLOSENSES 3:12-14

Señor, te pido que bendigas a cada persona en nuestro hogar y a nuestra familia extendida. Que nuestro hogar sea un lugar donde viva el amor. A pesar de nuestras diferencias, ayúdanos a respetarnos unos a otros y a no exigirnos a nuestra manera, a perdonarnos unos a otros y a no guardar rencor. Muéstranos la manera de vivir en paz y armonía, sirviéndonos entre todos con amor. Bendice a nuestra familia, Señor. Danos sabiduría para enseñarla a nuestros hijos, con amor y disciplina. Ayuda a nuestros familiares a estar conectados y a disfrutar juntos. Cualesquiera sean las circunstancias, permite que en nuestro hogar haya vida, amor y risa; que nos apoyemos en ti. En el nombre de Jesús. Amén.

ORACIÓN POR UNA VIUDA O UN VIUDO

La viuda que realmente está necesitada y se queda sola pone su esperanza en Dios y continúa día y noche para orar y pedir ayuda a Dios.

1 TIMOTEO 5:5

Señor, gracias por el regalo de mi cónyuge y los años juntos con los que nos has bendecido. Estoy realmente agradecido. Ahora, la vida es diferente para mí; toma tiempo adaptarse a estar solo. Sin embargo, contigo, Señor, nunca lo estoy. Mi esperanza está en ti. Ayúdame a satisfacer mis necesidades, tanto en asuntos de la casa como de la compañía. Dame la gracia de vivir en esta nueva etapa de mi vida, consciente de que estás conmigo en cada temporada. En el nombre de Jesús. Amén.

ORACIÓN POR EL DIVORCIADO O SEPARADO

A las montañas levanto mis ojos; ¿de dónde ha de venir mi ayuda? Mi ayuda proviene del SEÑOR, creador del cielo y de la tierra.

SALMOS 121:1-2

Señor, pido la sanidad de mi corazón. Eres mi Ayudador y mi Sanador. Te busco en este momento de necesidad. Es difícil superar este tiempo de separación y divorcio; terminar un matrimonio es doloroso para todos. Estoy agradecido porque siempre estás aquí. Sé que te importan todos los aspectos de mi vida, por eso te pido ayuda en este momento difícil. Son muchas las emociones confusas e innumerables los detalles. Señor, ayúdame a pasar esta circunstancia tan terrible. En el nombre de Jesús. Amén.

ORACIÓN POR UN PADRE SOLTERO

Pero yo siempre tendré esperanza, y más y más te alabaré.

SALMOS 71:14

Señor, nunca planeé estar en esta situación, pero aquí estoy soltero y con hijos. Has estado conmigo en cada paso de esta travesía; sé que no me fallarás ahora. No importa cuál sea mi estado civil, me aferraré a ti, mi esperanza. Y te alabaré. Aun cuando no entienda, confiaré en ti. Dame la fortaleza y la fe para criar a mis hijos, hacer bien mi trabajo y aferrarme a ti en busca de esperanza y fortaleza. Gracias por todo lo que has hecho por mí. En el nombre de Jesús. Amén.

Fortalece mis amistades

En todo tiempo ama el amigo.

Proverbios 17:17

Señor, gracias por mis amigos. Qué bendición es tener personas que me conocen bien y se preocupan por mí. Por favor, fortalece mis amistades y haz que sean sólidas y duraderas. Muéstrame cómo puedo cuidar mejor esas relaciones. Y Señor, y en este tiempo de mi vida cuando necesito más amigos, cercanos, por favor, suple mi necesidad. Enséñame cómo ser un buen amigo y a encontrar satisfacción en las relaciones que estoy desarrollando. En el nombre de Jesús. Amén.

Oro por otros que conozco

Vivan en armonía los unos con los otros. No sean arrogantes, sino háganse solidarios con los humildes. No se crean los únicos que saben.

Romanos 12:16

Señor, en el transcurso de mi vida me encuentro con muchas personas que necesitan una palabra de aliento o una sonrisa, como aquellos con quienes interactúo en la tintorería, la ferretería o en la clase de ballet de mi hija. Amas a todas las personas; y estoy llamado a ser como tú. Ayúdame a ser amable con los demás, sin importar quiénes sean. Ayúdame a vivir en armonía y ser un pacificador para que tu nombre sea glorificado. En el nombre de Jesús. Amén.

20

Cuando tengas problemas de dinero

Oraciones por ayuda financiera

Así que mi Dios les proveerá de todo lo que necesiten, conforme a las gloriosas riquezas que tiene en Cristo Jesús.

FILIPENSES 4:19

Kim y Gary habían trasladado a su familia a medio mundo de distancia, desde su natal Nebraska hasta Sydney, Australia; donde Gary obtendría un título en adoración y artes creativas. Habían guardado y presupuestado cuidadosamente todos los gastos antes de salir de los Estados Unidos a fin de tener suficiente dinero para sus gastos del curso de dos años.

Poco después de llegar a Australia, la tasa de cambio sufrió un revés, y el dinero ya no valía tanto como habían previsto. La pareja se enteró que el gobierno no les permitiría trabajar más de veinte horas a la semana y que el costo de la vida era más de lo que habían anticipado. En ocho meses, sus ahorros habían desaparecido.

Era terriblemente aterrador estar a miles de kilómetros de distancia de su familia sin maneras de regresar, y sin recursos para quedarse. Gary y Kim comenzaron a orar.

Tres semanas después de que tocaran fondo, Kim estaba luchando por saber cómo alimentar a sus dos hijos, sin agotar sus fondos tan limitados.

Una sensación de desesperación comenzó a asentarse sobre ella; estaba desesperada. Así que clamó a Dios, confiando totalmente en Él para que cuidara de ella y su familia.

Poco después, un amigo llegó a su puerta. Mark había comprado recientemente un auto nuevo, por lo que él y su hija querían mostrárselo a la familia de Kim. No está de más decir que ella no se entusiasmó mucho al ver el hermoso automóvil deportivo rojo estacionado en la entrada de su casa, cuando ellos apenas podían alimentar a sus hijos.

Kim trató de escuchar pacientemente mientras Mark describía todas las características del auto. Se acercó al auto y percibió el olor a nuevo que despedía, pero en su interior prevalecía la angustia. Cuando Mark se paró junto al auto, dijo: «Simplemente tienes que ver el baúl. ¡Es enorme!» Ella sonrió débilmente mientras abría el «baúl». De repente, Kim se dio cuenta del motivo por el cual su amigo quería que ella viera su auto. El baúl estaba lleno de víveres y artículos del hogar para su familia, suficientes para varias semanas. Kim comenzó a llorar de alegría cuando Mark y su hija sacaron la primera de muchas cargas de comida en su casa.

Incluso sus hijos se vieron profundamente afectados por el generoso obsequio de Mark, ya que Kim les explicó cómo Dios había respondido a sus oraciones. Kim y Gary aprendieron inolvidables lecciones de fe y provisión a medida que Dios se presentaba de maneras sorprendentes e inesperadas.

Hoy, muchas familias e individuos están luchando con su situación financiera. Pueden estar desempleados o subempleados, sin trabajo o sin ganar lo suficiente para llegar a fin de mes. Están demasiado endeudados y, muchos de ellos, probablemente algunos que tú conoces, están atravesando la angustia de la bancarrota o la pérdida de sus casas. A menudo, la falta de fondos puede causar tensiones y discusiones indecibles entre los cónyuges.

Los desiertos financieros

Quizás sientas que te encuentras en un desierto financiero: seco y estéril, con más carencias que provisiones y abundancia. Vivir en un desierto financiero no es solo difícil; también puede ser desesperante. El temor a no contar con lo suficiente o a lo que otras personas puedan pensar, puede mantenerte despierto toda la noche. Y si no tienes un entendimiento claro de lo que dice la Biblia acerca del dinero y no empiezas a creer que es verdad, te faltará la paz y tu alegría se desvanecerá.

Tal vez hayas oído hablar de otra experiencia en el desierto, la registrada en la Biblia cuando Moisés sacó al pueblo de Israel de la esclavitud en Egipto y los condujo por un desierto terrible, por el que vagaron durante cuarenta años. Puedes leer esta historia en el libro de Éxodo. Dios proveyó maná del cielo para alimentar a su pueblo, aparecía todas las mañanas; cuando tuvieron sed, Moisés golpeó una roca con una vara y salió agua; y con respecto al calzado, dice la Biblia que nunca se gastaron, ¡duraron décadas! Durante ese tiempo en el desierto, Dios mostró su poder en muchas maneras grandiosas y maravillosas.

Si estás en un desierto económico en la actualidad, ¿te atreverías a confiar en Dios? ¿Creerás como nunca inclusive antes de ver tu provisión?

Cómo vivir en la tierra prometida

Es probable que no estés viviendo en un desierto financiero, tal vez estás en la «Tierra Prometida» en el sentido de que tienes suficiente, o más que suficiente, para cubrir tus gastos. ¿Cómo estás equilibrando tus gastos, tus ahorros y tus donaciones? ¿Eres un donante generoso? ¿Estás diezmando?

A veces, las palabras *diezmar* y *donar* pueden traer confusión. Tu diezmo es el diez por ciento que le das a la iglesia. Las donaciones son aparte de tu diezmo, las das a la iglesia o a las misiones, ministerios u otras organizaciones, como el banco de alimentos de tu ciudad.

Dios nos pide que le demos a Él lo primero y lo mejor, las primicias de nuestros ingresos. Sin embargo, nuestro pastor dijo recientemente que solo el treinta por ciento de las personas que asisten a la iglesia dan sus diezmos; el setenta por ciento no lo hace. Tal vez sea porque no conocen el concepto de diezmar. O la gente puede pensar erróneamente que, si no pueden dar el diez por ciento de sus ingresos, como dice la Biblia, entonces es mejor no dar nada. El diez por ciento puede parecer una gran cantidad cuando apenas ganas un poco de dinero.

Dar a la iglesia no tiene por qué ser una proposición de todo o nada. Al contrario, da algo, incluso si es una cantidad pequeña, porque estás dando con tu corazón. Luego, a medida que aumenten tus ingresos, puedes empezar a «diezmar», como dice mi amiga Anne, y dar más. Pídele a Dios favor y abundancia, tendrás más para dar a los demás porque, una vez que comiences, descubrirás la alegría de la generosidad. ¡Te sentirás mejor cuando puedas experimentar la bendición de dar! Y eso ayuda a otros que tienen necesidad.

La fe y las finanzas

Hace años trabajé para un ministerio que proporciona servicios financieros a organizaciones cristianas. Allí aprendí que Dios es dueño de todo (Salmos 24:1), inclusive lo que creemos que es «nuestro», incluido el dinero. Él nos dio el trabajo que tenemos y la capacidad para ganar un ingreso; Dios nos da la capacidad para producir riquezas (Deuteronomio 8:18). Sin embargo, a pesar de que Dios es dueño de todo, nos insta a ser administradores sabios de nuestras finanzas.

Se ha dicho que el dinero es una de las tres principales cosas sobre las que las parejas discuten (las otras dos son sexo e hijos). El dinero puede ser un tema que emocionalmente origine muchos conflictos. Casados o solteros, todos necesitamos sabiduría sobre cómo ahorrar, gastar y dar sabiamente. Es por eso que la oración poderosa es esencial. Orar sobre cómo lidiar con las finanzas es importante cualquiera sea tu situación económica.

Cuando oras, suceden cosas extraordinarias. Cuando tienes libertad financiera estás tranquilo. Pero, como aprendemos en Lucas 16:13, no podemos adorar o servir a Dios y al dinero.

A través de la oración, aprendemos que el dinero proviene de Dios; Él nos proporciona nuestros ingresos; nosotros solo somos administradores del ahorro, del gasto y de lo que damos a otros. De nuestras manos, regresa a Dios (en el diezmo y las ofrendas) para satisfacer las necesidades de los demás. Hay un flujo constante cuando recibimos y damos. Nuestros corazones deben estar a cuentas con Dios para que el proceso no se detenga, como cuando tratamos de retener todo lo que Dios nos ha dado para nosotros mismos. Cuando eso suceda, podemos pedirle a Dios un corazón recto y una nueva perspectiva.

Si tenemos abundancia o estamos en escasez, podemos ser ricos en otras maneras. Tus ahorros pueden agotarse, pero puedes ser rico en amor, amistad y esperanza. Puedes ser próspero en tu relación profunda y permanente con Dios y bendecido con gran cantidad de familiares cercanos y amigos.

Si sientes que no puedes con tus finanzas, recurre a Dios. Pídele que te ayude. Confiesa tus equivocaciones sobre el dinero y pídele que te libere de cualquier cosa que a la que estés aferrado en este aspecto. Ten la esperanza de que algún día habrá más que suficiente, más allá de lo que puedas pedir o imaginar.

A Dios le agrada sorprender y deleitar a sus hijos. Cuando vagaba por el desierto económico hace unos años atrás, me sorprendió la forma en que Dios proveyó. No lo esperaba ni se lo pedí. Los amigos me brindaban generosamente lo que necesitara, ya fuera un cheque, comestibles, un televisor, un microondas, incluso palabras de aliento. ¿Y Dios? Él me lo dio todo. Conmovió los corazones de mis amigos para que ayudaran a su amigo herido en el momento de su desesperada necesidad.

Ten valor. Ten fe. Cuando parezca que todo llegó a su fin y que no ya hay esperanza, recuerda que Jesucristo es tu Esperanza audaz y también la mía.

Lección que nos deja una bellota (fruto del roble)

Es posible que hayas escuchado la muy conocida expresión: «Los robles grandes salen de pequeñas bellotas». Cuando veo una bellota, me asombra pensar cómo puede surgir un árbol tan alto de una semilla tan pequeña. Sin embargo, si esa pequeña semilla no se entrega al suelo, nada ha de suceder. Antes del crecimiento viene la entrega.

Del mismo modo, cuando rendimos nuestros corazones y nuestra actitud —con respecto al dinero— ante Dios, ocurre el crecimiento. En el terreno abonado de la fe, Dios hace crecer —muy alto y firme— nuestro carácter e integridad. Si se la pedimos, puede darnos sabiduría sobre cómo ahorrar, gastar y dar de todo lo que nos ha proporcionado y provisto. Pídele a Dios una fe del tamaño de una «bellota» para que siembres semillas de esperanza y generes finanzas en abundancia. Pídele que te enseñe a administrar con sensatez tu dinero para que dé fruto en tu vida y en la de los necesitados.

EL DINERO Y EL AMOR AL DINERO

Manténganse libres del amor al dinero, y conténtense con lo que tienen, porque Dios ha dicho: «Nunca te dejaré; jamás te abandonaré».

HEBREOS 13:5

Señor, ayúdame a tener una visión clara del dinero. Lo necesito para pagar mis cuentas, obtener lo que necesito y ayudar a otros. Pero no quiero ser esclavo del amor al dinero ni ser codicioso. Quiero confiar en ti en cuanto a la provisión de todo lo que necesito y encontrar libertad financiera. En vez de luchar continuamente por más cosas, permíteme contentarme con lo que tengo. Ayúdame a ser sabio en mi actitud hacia el dinero y en cuanto a cómo administrar mis finanzas. Eres el primero. Siempre lo serás. En el nombre de Jesús. Amén.

SEÑOR, ESTOY ARRUINADO

Atiéndeme, SEÑOR; respóndeme, pues pobre soy y estoy necesitado.

SALMOS 86:1

Señor, necesito que me ayudes. Me da la sensación de que nunca tengo suficiente dinero. Siento que apenas me alcanza, por lo que estoy cansado de esta situación. Estoy avergonzado y turbado. Necesito esperanza. Por favor, satisface mis necesidades con tus asombrosos recursos. Vengo a ti creyendo, por fe, que me oyes. No sé cómo ni cuándo, pero sé que lo harás. Agradezco mucho que me escuches y me respondas. Te lo pido en el nombre de Jesús, amén.

AYUDA EN TIEMPOS DIFÍCILES

Luego llámame cuando tengas problemas, y yo te rescataré, y tú me darás la gloria.

SALMOS 50:15, NTV

Señor, mis finanzas son un desastre. Tú conoces mi situación; sabes lo difícil que ha sido para mí ese asunto. Así que aquí estoy confiando en ti para que abras caminos donde parece que no hay salida. Te entrego mis planes, mi presupuesto y mis ideas acerca de cómo creo que deberían desarrollarse las cosas. Me rindo a ti, te entrego mi carga económica. Ruego tu favor no solo para salir adelante, sino para encontrar la victoria en mis finanzas, para tener más que suficiente y para seguir adelante. En tiempos difíciles o buenos, confiaré en ti. En el nombre de Jesús. Amén.

Da con el corazón

Cada uno debe dar según lo que haya decidido en su corazón, no de mala gana ni por obligación, porque Dios ama al que da con alegría.

2 Corintios 9:7

Señor, gracias por tu provisión y por todo lo que me has dado. Soy verdaderamente bendecido. Pido sabiduría para saber cuánto debo dar y a qué ministerios o individuos. Tú conoces mi corazón, oro para que me conviertas en un dador alegre, sincero y feliz sobre todo por lo que has hecho por mí. Te ruego que continúes supliendo mis necesidades para que pueda seguir ayudando a los demás. En el nombre de Jesús. Amén.

Dios proveerá

Toda buena dádiva y todo don perfecto descienden de lo alto, donde está el Padre que creó las lumbreras celestes, y que no cambia como los astros ni se mueve como las sombras.

Santiago 1:17

Señor, qué bendición es saber que me provees para todas mis necesidades. Aun cuando mi cuenta de ahorros parece estar desapareciendo como lo que barre una tormenta de verano. Gracias, sé que tienes el control. Ya sea dinero en efectivo o lo que necesito en la casa, todo lo que me das es un regalo generoso. Lo recibo y te agradezco por todo lo que haces. ¡Eres maravilloso! Mis circunstancias pueden cambiar pero tú, Señor, nunca cambias. Te mantienes firme y seguro, eres totalmente confiable. Gracias mi Dios. Te alabo. En el nombre de Jesús. Amén.

DA CON GENEROSIDAD

Recuerden esto: El que siembra escasamente, escasamente cosechará, y el que siembra en abundancia, en abundancia cosechará.

2 CORINTIOS 9:6

Señor, quiero ser un dador generoso. Por favor, ayúdame a dar de manera generosa mis diezmos y mis ofrendas, para que los recursos que brinde lleguen a manos de aquellos que los necesitan: a las misiones, a los pobres, a los amigos y familiares que necesiten tu ayuda y otros que no conozco o que quizás nunca conoceré pero que reciben ayuda a través de las organizaciones benéficas y ministerios a las que dono. Ayúdame a sembrar generosamente y a cosechar en abundancia. Ayúdame a sembrar semillas con amor para que también pueda cosechar amor. Lo pido en el nombre de Jesús, amén.

CÓMO SALIR DE DEUDAS

Los ricos son los amos de los pobres; los deudores son esclavos de sus acreedores.

PROVERBIOS 22:7

Señor, necesito que me ayudes para pagar todas las deudas. Las cuentas se acumulan. Siento que estoy en arenas movedizas y sigo hundiéndome más y más. A veces me siento avergonzado, como si no fuera capaz de mantenerme. Me doy cuenta de que estar endeudado es como ser esclavo de la persona o compañía a la que le debo.

¡Quiero ser libre! Sé que nada es demasiado difícil para ti; eres Dios todopoderoso. Te pido sabiduría y autocontrol para salir de las deudas y seguir adelante. Estoy confiando totalmente en ti. Por favor, ayúdame. Te lo pido en el poderoso nombre de Jesús. Amén.

DEJA DE ARGUMENTAR ACERCA DEL DINERO

Por lo tanto, esforcémonos por promover todo lo que conduzca a la paz y a la mutua edificación.

ROMANOS 14:19

Señor, estoy cansado de discutir con mi cónyuge sobre el dinero. ¡Somos tan diferentes! Los ahorradores y los gastadores no podemos ponernos de acuerdo en cuanto a cómo debemos lidiar con las finanzas. Por favor, ayúdanos a comunicarnos con claridad y a concordar en nuestras expectativas. Ayúdanos a respetarnos a pesar de nuestras diferencias. Somos un equipo, una asociación, y quiero que sigamos siendo eso, y aprender a confiar nuevamente en los demás. Por favor, permite que podamos tener una mejor actitud sobre el dinero y estar dispuestos a comprometernos con nuestras responsabilidades. Te lo pido en el nombre de Jesús, amén.

BENDICE MIS FINANZAS, SEÑOR

Honra al SEÑOR con tus riquezas y con los primeros frutos de tus cosechas. Así tus graneros se llenarán a reventar y tus bodegas rebosarán de vino nuevo.

PROVERBIOS 3:9-10

Señor, te ruego en el nombre de Jesús que bendigas mis finanzas. Muéstrame cómo honrarte con el dinero. Enséñame a administrar mis recursos en una manera correcta para ahorrar, gastar y dar sabiamente. Tú eres el dueño de todo; muéstrame cómo ser un fiel administrador de lo que es tuyo. Decido creer que tus promesas son verdaderas, no solo para todos los demás, sino también para mí y que me proveerás. Gracias por tu provisión y tu sabiduría. En el nombre de Jesús. Amén.

DIEZMOS Y DONACIONES

Honra al SEÑOR con tus riquezas y con los primeros frutos de tus cosechas.

PROVERBIOS 3:9

Señor, todo viene de tu mano generosa, incluso mi capacidad para obtener ingresos. Así que decido honrarte dando mis diezmos a la iglesia y mis donaciones a otros ministerios u organizaciones necesitadas. Te doy las primicias de mi trabajo. Te doy mi mejor esfuerzo, por obediencia a tu Palabra y porque deseo dar y servir con alegría. Pido que me des en abundancia para ser un dador cada vez más generoso, para tu gloria. En el nombre de Jesús. Amén.

ESPERANZA EN DIOS

A los ricos de este mundo, mándales que no sean arrogantes ni pongan su esperanza en las riquezas, que son tan inseguras, sino en Dios, que nos provee de todo en abundancia para que lo disfrutemos.

1 TIMOTEO 6:17

Señor, por favor, perdóname por cualquier orgullo o vanidad que tenga por mis finanzas. Ya sea que tenga dinero o no, ayúdame a poner mi esperanza en ti, no en las riquezas ni en las posesiones. Esas son cosas pasajeras; tú, Señor, eres fuerte y firme. Puede que no siempre sea rico en dinero, pero sí en mi relación contigo y en todas las cosas buenas que me brindas. A pesar de las circunstancias adversas, eres mi paz. Y te doy gracias por ello. En el nombre de Jesús. Amén.

¡GRACIAS, SEÑOR!

Luego llámame cuando tengas problemas, y yo te rescataré, y tú me darás la gloria.

SALMOS 50:15, NTV

Señor, estoy muy agradecido porque puedo depositar toda mi confianza en ti. Cuando mi vida es un desastre, cuando mis finanzas están fuera de control o cuando el mercado de valores sube y baja como una montaña rusa, siempre me acompañas. Cuando estoy en aprietos, me salvas y me ayudas a salir avante. Incluso en mi mayor desesperación, te presentas; por lo que te doy toda la gloria. Gracias, Señor. En el nombre de Jesús. Amén.

21

Cuando las cosas vayan bien

Oraciones para mantener la fe en medio
de la victoria y el éxito

Pero yo siempre tendré esperanza, y más y más te alabaré.

SALMOS 71:14

A lo largo de este libro, has buscado al Señor y has orado cuando las situaciones han estado muy malas y desesperadas. Es posible que aún estés pasando por momentos difíciles, pero a medida que tu vida mejore, las relaciones serán más estables y, finalmente, es probable que consigas un nuevo trabajo o te sientas más saludable. Si eso ocurre, ¿seguirás confiando en Dios? Cuando las cosas vayan bien, ¿permanecerás cerca de Dios?

Puede que esto suceda inesperadamente. No pretendes ignorar a Dios, pero estás muy ocupado en otras cosas, por lo que pronto esa relación especial y valiosa con Dios —a la que te aferraste como un salvavidas cuando pasabas por las tormentas de la vida— ya no es más que un recuerdo distante. Sin palabras, estás diciendo: «Ya estoy bien, Señor. Gracias por tu ayuda. De ahora en adelante, puedo manejar esto solo».

Esa clase de orgullo y autosuficiencia, incluso en pequeñas dosis, hiere el corazón de nuestro Salvador.

Imagínate que le haces lo mismo a un amigo cercano. Quieres que esa persona te ayude cuando tratas de solucionar tus problemas y necesitas ayuda. Pero una vez que todo está bien, abandonas su amistad como cualquier cosa desechable. Ningún amigo quiere eso; tampoco el Señor.

Permanecer cerca de Dios en los buenos tiempos, no solo en los difíciles, sucede cuando recordamos la importancia de la gratitud, al dar y permanecer conectados con Dios en oración.

Gratitud. Cuando las cosas comiencen a ir bien, cuando Dios responda la oración, agradécele por todo lo que ha hecho por ti. La gratitud es esencial. Independientemente de tus emociones fluctuantes o de la economía impredecible, puedes mostrar agradecimiento. Haz una lista de lo que Dios ha hecho por ti, para que el gozo y la gratitud empiecen a manifestarse. O lee el libro de los Salmos. Está lleno de versos sobre personas reales que atravesaron tiempos difíciles y luego expresaron o cantaron su alabanza y su gratitud a Dios. ¿De qué estás agradecido hoy? ¿Admiras todo lo que Dios ha hecho en tu vida y lo que continúa haciendo?

Dar. Un corazón agradecido actúa para ayudar a otros que lo necesitan. La vida enfocada en el prójimo va más allá de las tendencias naturales del egocentrismo y se revela en varias formas, como por ejemplo: dando tiempo a los demás, prestando oído para escuchar o hasta con los mismos recursos financieros. Cuando tus cosas empiecen a mejorar, no te olvides de los demás que aún necesitan. Dar no tiene que ver con grandes cantidades de dinero ni gestos extravagantes. Incluso una pequeña cantidad puede parecerle mucho a alguien que tiene muy poco. Lo interesante de dar es que nuestras palabras y acciones tienen un efecto dominó. Los resultados son de largo alcance, a menudo más de lo que nunca sabremos.

Permanece conectado con Dios en oración. En la naturaleza y en la vida, las estaciones van y vienen. Pero no importa en qué época de la vida estés, sean tiempos difíciles o buenos, puedes optar por permanecer conectado con Dios en oración y seguir con esperanza.

Cuando vivía en Wisconsin, a menudo montaba mi bicicleta y me iba más allá del huerto de manzanas de nuestro vecindario. En cada temporada, veía los cambios que sucedían, desde las flores de manzano con olor dulce en primavera hasta los crujientes días otoñales con sus manzanas jugosas y maduras. Durante todo el año, esperábamos con expectativa la fruta que vendría. Que la fruta madurara requería tiempo, pero siempre valía la pena la espera.

Al rendirle tus preocupaciones a Dios, hablar con Él acerca de tus angustias y tus miedos, estás plantando semillas de fe en el suelo de la esperanza, fe de que algún día tus semillas de oración crecerán y se harán realidad. Esa es la naturaleza de la esperanza, creer que Dios suplirá, que responderá *más allá* de lo que has pedido. Puede que obtengas un árbol —o una canasta— lleno de manzanas con las plegarias que Dios te responda. «Durante siete días celebrarás esta fiesta en honor al Señor tu Dios, en el lugar que él elija, pues el Señor tu Dios bendecirá toda tu cosecha y todo el trabajo de tus manos. Y tu alegría será completa» (Deuteronomio 16:15).

Y así oramos. Y mientras esperamos a Dios, maduramos. Crecemos internamente. El carácter se forja y la confianza crece. Del mismo modo que anticipamos el día en que la fruta roja madure, esperamos con anhelo el momento en que nuestras respuestas estén listas para recogerlas. Tú y yo podemos estar orando por lo mismo, pero nuestras respuestas pueden ser diferentes, al igual que los manzanos dan diversos tipos de manzanas, como las Golden, las Royal, las gala, entre otras.

Esperamos con anhelo, expectantes de que las cosas buenas sucederán, que algún día las cosas serán diferentes, mejores. De este lado del cielo vivimos con el misterio de las maneras de Dios. ¿Por qué hace las cosas así? ¿Por qué no evitó esa tragedia? ¿Por qué, Señor, por qué? Si bien podemos conocer a Cristo, no siempre podemos estar al tanto de sus pensamientos. Podemos aprender a confiar en Él, incluso cuando no entendamos las circunstancias.

Nuestra audaz esperanza es que algún día saltemos del tiempo a la eternidad y estemos con el Señor, gozosos y sin dolor. A pesar de las dificultades, y en medio de tiempos difíciles, cree que Dios tiene más para ti de lo que puedas imaginar. Su poder está obrando dentro de ti, y la gloria —la alabanza y el crédito— es para Él por todo lo que ha hecho.

Esperanza audaz significa plantar semillas de fe y esperar huertos de bendiciones. Es osado, expectante y alegre saber que tus ilusiones más grandes no son demasiado elevadas para el gran Dios al que servimos. Jesucristo es nuestra verdadera esperanza audaz. ¿Impredecible? Sí. ¿Inesperado? Ciertamente. Va más allá, mucho más allá, de todo lo que podemos imaginar y nos lleva a un futuro que nunca podríamos haber soñado.

En tiempos de derrota, duda o desaliento, ora. En tiempos de alegría y victoria, ora. Sé consciente de que tus oraciones realmente marcan la diferencia. Confía en el Dios de la abundancia. El tiempo de la cosecha se acerca.

Sueños inactivos

Deseos y sueños contenidos en una semilla,
Yacen en el terreno abonado de la fe.
Es hora de soltar lo que creo que necesito,
Y aferrarme a la esperanza de su gracia.

Mirando anhelante la sucia vacuidad
No puedes hacer que tus sueños crezcan más rápido.
Porque la semilla en el suelo está dormida, no muerta.
Mira hacia arriba, al rostro del Maestro.

¡El coraje llama, ten paciencia, ten fe!
Un misterio revelado, mi amigo.
De una pequeña y simple semilla puede brotar un girasol dorado.
Sin duda, este no es el final.

En la plenitud de los tiempos, resurrección.
La tierra da a luz un brote joven y tierno.
Nutrido y cuidado con manos fuertes y amorosas,
La flor crece con raíces profundas y firmes.

Y del vástago brota una flor,
Arte puro forjado en la oscuridad.
En su tiempo perfecto, llega la cosecha
Cumplimiento de los deseos del corazón.

Jackie M. Johnson

REBOSANTE DE ESPERANZA

Que el Dios de la esperanza los llene de toda alegría y paz a ustedes que creen en él, para que rebosen de esperanza por el poder del Espíritu Santo.

ROMANOS 15:13

Señor, ¡quiero rebosar de esperanza! No importa lo que esté pasando o lo difícil que sea la vida, puedo confiar en ti. Tú me llenas de alegría y paz. Qué bendición. ¡Gracias! Eres generoso, no mezquino ni escaso. Siempre provees. Oro para que el poder del Espíritu Santo me ayude a superar y a encontrar el triunfo. Lo pido en el nombre de Jesús, amén.

EL DIOS DE LA ABUNDANCIA

Y Dios puede hacer que toda gracia abunde para ustedes, de manera que siempre, en toda circunstancia, tengan todo lo necesario, y toda buena obra abunde en ustedes.

2 CORINTIOS 9:8

Señor, gracias porque eres mi esperanza audaz. Tienes todo el poder y la autoridad, por lo que pido abundancia y bendiciones en mi vida. Te ruego tu favor en cuanto a mi salud y a mis finanzas, a mi trabajo y a mis relaciones. Bendíceme, Señor, con tu bondad; para que pueda hacer tu voluntad y ser de bendición para los demás. En el nombre de Jesús. Amén.

UNA COSECHA DE BENDICIONES

El SEÑOR tu Dios bendecirá toda tu cosecha y todo el trabajo de tus manos. Y tu alegría será completa.

DEUTERONOMIO 16:15

Señor, eres bueno, eres el Señor de la cosecha. Te pido que bendigas el trabajo de mis manos; que todo lo que haga y diga glorifique tu nombre y logre tus propósitos. Señor, te amo. Te agradezco por todo lo que estás haciendo en mi vida y todo lo que está por venir. Tú me das alegría. En el nombre de Jesús. Amén.

NO TE RINDAS NUNCA

No nos cansemos de hacer el bien, porque a su debido tiempo cosecharemos si no nos damos por vencidos.

GÁLATAS 6:9

Señor, he pasado por muchas crisis, pero me has dado la fuerza para no rendirme nunca. Tu poder me ayuda a perseverar y a seguir adelante. Me das fuerzas cuando estoy cansado; en ti espero cuando me siento derrotado. He plantado semillas de fe, Señor. Conviértelas en una cosecha de bendiciones. Ayúdame a no perder todo lo que tienes para mí en esta vida. Déjame disfrutar tu bondad. ¡Te alabo! Gracias. En el nombre de Jesús. Amén.

MÁS POR VENIR

Ningún ojo ha visto, ningún oído ha escuchado, ninguna mente humana ha concebido lo que Dios ha preparado para quienes lo aman.

1 CORINTIOS 2:9

Señor, gracias porque eres un Dios al que le gusta sorprendernos. No puedo imaginar lo que tienes reservado para mí en el futuro, tanto aquí en la tierra como en el cielo, cuando estemos juntos para siempre. Has preparado las cosas por adelantado porque me amas. Gracias. Puse mi confianza en ti. Confío totalmente en ti. Guíame Señor. Permite que podamos caminar juntos con alegría. En el nombre de Jesús. Amén.

¡ALABADO SEA EL SEÑOR!

Al que puede hacer muchísimo más que todo lo que podamos imaginarnos o pedir, por el poder que obra eficazmente en nosotros, ¡a él sea la gloria en la iglesia y en Cristo Jesús por todas las generaciones, por los siglos de los siglos!

EFESIOS 3:20-21

Señor, ni siquiera sé por dónde empezar a agradecerte. Pienso en todas las veces que me has sacado de aprietos, que sanaste una relación rota y me diste cosas inesperadas. ¡Eres maravilloso! Y aun más, me dices que tu poder está operando dentro de mí. Eso es difícil de entender y, sin embargo, estoy muy agradecido. Que tu maravilloso poder ilumine mi vida para que todos puedan ver y experimentar la bondad de Dios. Para tu gloria. En el nombre de Jesús. Amén.

GRACIAS, SEÑOR

¡Que den gracias al SEÑOR por su gran amor, por sus maravillas en favor de los hombres! ¡Él apaga la sed del sediento, y sacia con lo mejor al hambriento!

SALMOS 107:8-9

Señor, ¿cómo puedo empezar a agradecerte por todo lo que has hecho por mí? Tu amor nunca falla; siempre estás conmigo. Me asombras cuando me provees todo lo que necesito. Cuando tengo sed de ti, me llenas de alegría y gozo. Cuando tengo hambre, me satisfaces con el mejor regalo de todos los tiempos: tu presencia. Te amo. Gracias por todo lo que haces y todo lo que eres. En el nombre de Jesús. Amén.

NUESTRO DIOS ES FIEL

Este Dios es nuestro Dios eterno, ¡Él nos guiará para siempre!

SALMOS 48:14

Señor, tú eres mi Dios fiel. Eres amoroso, afectuoso, amable y compasivo. Eres santo y justo. Tú sabes todas las cosas. Las galaxias fueron creadas por la obra de tus manos. Coloreas el cielo con el arcoíris. Tu poder se muestra en el trueno y en los intermitentes relámpagos. Tú guías y provees. Sanas y te conectas conmigo. Gracias por ser mi guía, aun hasta el final. Te doy toda mi alabanza. En el nombre de Jesús. Amén.

Notas

Capítulo 2. Cuando estés ocupado y estresado
1. Mark Buchanan, *The Rest of God* (Thomas Nelson, 2006).

Capítulo 3. Cuando la vida es un desastre
1. Michael Yaconelli, *Messy Spirituality* (Zondervan, 2007).

Capítulo 5. Cuando estés deprimido
1. Kristen Jane Anderson, con Tricia Goyer, *Life, in Spite of Me* (Multnomah, 2010).
2. Ibid. Si estás en medio de una depresión muy fuerte, debes buscar un profesional de la salud mental cercano a ti.
3. Centros para el control y prevención de enfermedades, www.cdc.gov
4. Centros para el control y prevención de enfermedades, www.cdc.gov
5. Beth Moore, *Believing God* (LifeWay, 2002).

Capítulo 6. Cuando te sientas inseguro
1. Jackie M. Johnson, *When Love Ends and the Ice Cream Carton Is Empty* (Moody, 2010).

Capítulo 9. Cuando te sientas solo
1. Gary R. Collins, *Christian Counseling: A Comprehensive Guide*, rev. ed. (Word, 1988).

Capítulo 11. Cuando cometas errores
1. Steven Furtick, *Sun Stand Still* (Multnomah, 2010).
2. Jerry Bergman, Institute for Creation Research, «The Earth: Unique in All the Universe,» www.icr.org/article/earth-unique-all-universe.

Capítulo 13. Cuando no puedas romper un mal hábito o una adicción
1. http://en.wikipedia.org/wiki/Addiction#cite_note-5.
2. MedTerms Medical Dictionary, www.medterms.com
3. Neil T. Anderson, *Rompiendo las cadenas* (Unilit, 1993).

Capítulo 17. Cuando tengas problemas de salud
1. Kim Painter, «Plant Seeds of Healing: Nature Makes You Feel Better,» *USA Today*, 15 de abril de 2007, www.usatoday.com
2. Ibid.

Capítulo 18. Cuando tengas problemas de trabajo o con la profesión
1. George A. Buttrick, *Prayer* (Abingdon Press, 1942).

Le invitamos a que visite nuestra página web donde podrá apreciar nuestra pasión por la publicacion de libros y Biblias:

WWW.EDITORIALNIVELUNO.COM